优秀企业的精神灵魂

张其金 ◎ 编著

中国商业出版社

图书在版编目（ＣＩＰ）数据

优秀企业的精神灵魂／张其金编著． -- 北京：中国商业出版社，2016.7
ISBN 978-7-5044-9502-0
Ⅰ．①优… Ⅱ．①张… Ⅲ．①企业精神－研究－中国 Ⅳ．①F279.23

中国版本图书馆CIP数据核字(2016)第163543号

责任编辑：陈鹰翔

中国商业出版社出版发行
010-83128286　　www.c_cbook.com
（100053　北京广安门内报国寺1号）
新华书店总店北京发行所经销
北京市梨园彩印厂
*
720×1000毫米　16开　17印张　200千字
2016年10月第1版　2016年10月第1次印刷
定价：42.80元
* * * *
（本书若有印装质量问题，请与发行部联系调换）

前　言

早在2001年，我在撰写《东软迷码》一书时，就曾看到过优秀企业的精神灵魂一说，但当时没有太在意，如今15年的时间过去了，当我再谈到优秀企业的精神灵魂时，我不得不加以思考。作为人来讲，精神是一个人心理活动表现在强度、速度、稳定性和灵活性等方面动力性质的心理特征；灵魂相当于我们日常生活中所说的脾气、秉性或性情。心理活动的动力特征既表现在人的感官知觉、记忆、思维等认识活动中，也表现在人的情感和意志活动中，特别是在情感活动中表现得更为明显。例如，一个人言谈举止的敏捷性、注意力集中的程度、思维的灵活性，以及他的情绪产生的快慢、强弱程度，情绪的稳定性和变化的速度，意志力的强度等，都是他的心理活动的动力特征的表现。

同样，企业也跟人一样，也是有精神灵魂的。就像我在《智慧至上》一书中所阐述："优秀企业的精神灵魂还有一种与生俱来的内在基因，是公司内渴望的一种精神化的理念，是一种目标导向型的态度，是领导者身上所体现出的领导风格，是一个公司企业文化的体现，是员工身上所焕发出的激情。对于这种内在的东西，很多领导者们在寻求创造它的途径，而员工们在工作中领会其中的意义，以期为其做出最大的贡献，也就是他们在寻找一种真正的管理有效的方法，试图树立起一种新的公司精神，为公司展现出一种新颖的气质。"

公司气质是公司之魂，是公司在长期的生产经营实践中自觉形成的，经过全体职工认同信守的理想目标、价值追求、意志品质和行动准则，是公司经营方针、经营思想、经营作风、精神风貌的概括反映。其核心是价值观，其表现形式是公司战略。为此，我曾作出这样的描述："企业作为战略性积累应该具有长期可维持的价值，并且可以转化为企业相对竞争优势的资源。'采用什么方式、满足人的什么需求的公司'，可以说是构成一个公司的基因，拆解任何一个有历史文化延承的优秀长寿企业的生命基因，都可以看到在这个基本命题的企业假设。'采用什么方式'代表了一个企业的素质，通过企业的愿景进行定义，'满足人的什么需求'代表了一个企业的气质，通过企业的使命进行定义。公司气质一旦形成，就会产生巨大的有形力量，就能对公司成员的思想和行为起到潜移默化的作用。因此通过培育和再塑公司精神，有利于建设一支富有战斗力的、能够完成公司既定任务的纯洁的员工队伍。同时，通过公司文化的建设和传播，塑造优秀的公司形象，增强公司的知名度和社会美誉度，从而最终达到提高公司核心竞争力的目标。"

但是，这些策略的实现还在于观念的转变，在于公司领导者的领导艺术与管理模式的内化，在于根据时代的演变和企业的需要，重新设计企业全新的经营模式，让自己所领导的企业能够改变那些习以为常的惯例，革新那些驾轻就熟、但又不适应企业发展的做法，能够认识到利用知识创造价值，是一家企业能够持续发展的动力所在。

不过，我们也要注意到：不管公司气质如何呈现，怎样修为，有一点是不争的：无论你是谁，公司的气质都在世人眼中，你们行为的点点滴滴、情绪的蛛丝马迹，无一不在揭露你的气质真相，它伪装不出来，刻画不出来，宣传不出来，当然也掩盖不住，只有你能够将你的企业引向成功，才能体现出你所在公司的精神灵魂。

目　录

第一章　构建企业的生存系统

　　如何在一个激烈竞争的环境中使企业生存下去，你必须给企业培养独特的精神灵魂。这种精神灵魂的核心能使创业者从来不会把挫折或面临的复杂问题看成困难。相反，他能够从困难中发现机遇，并不断地在困难中寻找到新的刺激和乐趣，并能认识到伟大的企业之所以成功，是因为企业的领袖能够看到别人看不到的东西，提出别人提不出的问题，然后制订自己的企业战略目标，将洞察力与策略相结合，描述出具有鲜明特点的企业蓝图。

给企业一个生存的系统 …………………… 3

企业的生与死 ……………………………… 5

构建企业的生存系统 ……………………… 10

企业生命律 ………………………………… 17

构造公司的生存环境 ……………………… 20

第二章 企业目标是伟大公司的起点

> 美好目标与愿景，要用大多数人可以接受的语言来描绘，"乌托邦"与人类童话没有本质区别。不同的是，我们知道童话是人类的一个美好梦想，是在梦中，在希望和憧憬中。而"乌托邦"则是在错误的时间、错误的地点用错误的方式来实现这种梦想，结果自然可想而知。

明确企业目标……………………………………25
拥有共同的企业目标……………………………33
企业目标的真正价值……………………………44
44思想统治自我…………………………………76

第三章 确立企业愿景

> 伟大的公司之所以伟大，是因为它们能够看到别人看不到的东西，将洞察力与策略相结合，描绘出独一无二的公司愿景。愿景是组织的灵魂，没有愿景，组织就没有未来，没有成功的愿景，组织就不会有持久的、旺盛的生命力。愿景是组织文化的主体，它不只是口号、概念，它更是贯穿于组织每个角落、每个环节的组织精神。愿景影响着人，从而影响组织的风尚、活力甚至影响到管理、经营的成效……

愿景是最重要的吗………………………………57
拥有自己的愿景…………………………………62
企业哲学中的愿景………………………………67

愿景是战略与文化的交集……………………71
共启企业愿景…………………………………76

第四章　企业使命

> 企业使命是什么？企业使命是企业生产经营的哲学定位，也就是经营观念。企业确定的使命为企业确立了一个经营的基本指导思想、原则、方向、经营哲学等，它不是企业具体的战略目标，或者是抽象地存在，不一定表述为文字，但影响经营者的决策和思维。这中间包含了企业经营的哲学定位、价值观凸现以及企业的形象定位：经营的指导思想是什么？如何认识的事业？如何看待和评价市场、顾客、员工、伙伴和对手。

使命是企业的"DNA"……………………………85
不要夸张企业使命………………………………93
中国企业的使命错位……………………………98

第五章　应当怎样变革

> 达尔文曾说，得以幸存的既不是那些最强壮的物种，也不是最聪明的物种，而是最能适应变化的物种。恐龙是十分庞大的动物，曾经主宰过地球，但它不能适应1万多年前地球冰河期的大变化，纷纷绝迹了。蕨类植物是地球上最弱小的生物之一，它适应了变化，终于生存了下来。

活在变化里…………………………115
成长在于变革………………………120
新组织的萌芽………………………129
在变革中找到企业定位……………133

第六章　优秀企业的创新观

> 建设创新型企业，需要有创新型的企业管理者。特别是作为企业的高层主管人员，一定要重视创新，而创新的前提就是敢想敢做。

创新无止境……………………………………… 143
不断改进………………………………………… 147
创新在于能够关注细节………………………… 152
感受创新的力量………………………………… 154
加强创新管理…………………………………… 161

第七章　脚踏实地前进

> 管理大师德鲁克认为，我们除了能准确把握今天的事情以外，将来的事情都是不可预料的。对于职场打拼的每个人而言，更重要的工作是要把握住已经发生了的变化。在各个领域，我们都面临着巨大的挑战，特别是想引领趋势的创业者们，更要洞察已发生的变化，并从中把握机会。把握住"已经发生的未来"，并采用一套系统的策略来观察并分析这些变化，这才能在制定战略决策的时候看得更高、更远，避免鼠目寸光的僵局。

以实事求是的态度谋发展……………………… 167
互相尊重………………………………………… 172
诚实与信任……………………………………… 175
以开放态度对待变革…………………………… 177

第八章 赢家往往是人

> 在知识经济时代，各国之间综合经济实力的竞争，就是人才与科技的竞争。其中起决定作用的是人。无论是一个国家，还是一个企业，赢家往往是——以人为核心的企业——让人的智力资源得到充分开发和应用是企业取胜的关键。人在此过程中体现出的自我追求、自我竞争、自我实现的重要性，是无法用金钱来衡量的。

智慧与纯真的自信……………………… 183
为什么要尊重人………………………… 188
创造人生价值…………………………… 206

第九章 优秀企业离不开优秀的领导

> 一个成功伟大的企业，肯定有一个成功伟大的企业领袖。企业领袖的检验标准只有一个：市场。在人类组织中，组织领袖的产生一般需要二十年左右时间。在中国历史上似乎不缺革命领袖，但我们民族缺少企业领袖。我们今天需要企业领袖，如同一百年前中国需要革命领袖一样的迫切。与欧美不同，目前，我们多是第一代企业家。所以，大家都有可能成为"华盛顿"。

领导的力量……………………………… 211
企业领袖………………………………… 215
企业家与企业领袖……………………… 225
企业家精神……………………………… 229
宽容企业家……………………………… 246

第一章
构建企业的生存系统

如何在一个激烈竞争的环境中使企业生存下去，你必须给企业培养独特的精神灵魂。这种精神灵魂的核心能使创业者从来不会把挫折或面临的复杂问题看成困难。相反，他能够从困难中发现机遇，并不断地在困难中寻找到新的刺激和乐趣，并能认识到伟大的企业之所以成功，是因为企业的领袖能够看到别人看不到的东西，提出别人提不出的问题，然后制订自己的企业战略目标，将洞察力与策略相结合，描述出具有鲜明特点的企业蓝图。

给企业一个生存的系统

生存超越一切,生存是我们这个时代企业管理的主题。

活下去,并且发展得很快,是所有企业和企业家的愿望。几乎所有企业家都在为自己所掌控企业的命运操心,企业的生存已不仅是企业和企业所有者的事情,而是整个社会的问题。企业的生存直接关系到我们的生活质量、关系到我们社会的繁荣和稳定、关系到我们民族的强盛、关系到我们能否生活得更美好的问题。这其实已经是国家利益之所在,是我们全民族的共同使命。中国企业平均寿命仅为4.2岁,这个残酷事实说明:生存还是死亡,是企业家必须要面对的首要问题!也就是说,中国企业的"真"问题,是企业生命问题,没有什么比企业生存更重要的。因为爬上一座高楼也许要几十分钟,但从楼上掉下来,却只要几秒钟,您也许是一位威力无比的董事长,您也许是一位能力超强的总裁,您也许是一位经验独到的经理人,但如果您还不掌握企业生命律,那么您将失去原来属于您的财富和梦想。那么,企业的生命规律到底是什么?企业的生命法则又有哪些呢?中国企业"夭折"、"病变"的"病毒"是什么呢?中国企业延年益寿的基因密码是什么呢? 如何把乌龟的基因转移到兔子身上,使其跑得更快、寿命更长?这一系列问题,都是我们要去寻找答案的。

在1523年前世界成立的组织中,现在,仍然用同样的名字、以同样的方式干着同样的事情的组织只有85家，这85个组织中有70个是大学，占82.35%，其它是宗教组织等，所以说，大学是一个真正基业长青的组织，那么，学校和企业到底有什么不同？其实学校产出的是人才，企业生产的是产品，学校的目标是教书育人，一般企业的目标是通过产品获得利润，其最大的差别是人和物，说到底，企业经营者把目光放在"事"、"物"、"钱"上，而忽视"人"、"心"的管理，即舍得花钱买车子(物)，不舍得花钱补脑子(人)，所以，要先人后事才能以人为本，人性化管理是企业长寿的必要前提。

　　长寿的企业一定是健康的企业，但健康的企业不一定是长寿的企业，而健康的企业，首先必须是许多健康的员工组成的，特别是企业家和关键员工的健康，生命质量的高低关键在保健和预防，才能实现企业强大、长久的梦想，因此，就要弄清强大和长久维度，选择适合企业的强大和长久模式，洞察世界顶级标杆企业经营秘诀，缩短同世界企业的差距，才是中国企业的出路，所以，就必须深入剖析中国企业寿命现状，找出病因和病状，对症下药才能提高企业生命力，这就要求校准企业核心内容，从中国大企业病开始，把脉病理诊断，根据中国企业形形色色的病态脸谱给出治疗方法，更重要的是通过企业生态系统分析，找出企业生命规律，建立企业生命模型和企业生命理论，找出中国企业老化的真正原因，才能做到保健和预防。所以说，谁掌握了企业生命律，谁就拥有了未来，谁控制了企业的生存线，谁就能活得更长，谁精通了企业生命法则，谁就能发展更快。

企业的生与死

企业存在寿命，寿命有长有短。投资、经营者应该树立"长寿企业"意识。为了使企业"长寿"，不但要重视短期发展问题，也要重视长期发展问题。企业长期发展问题不是短期发展问题之和，与短期发展问题具有本质的区别。希望"长寿"的企业面临的长期性问题很多，如发展目标问题、发展步骤问题、产品与技术创新问题、品牌与信誉问题、人才开发问题、文化建设问题。一个希望长寿的企业就要关心未来。对未来问题不但要提前想到，而且要提前动手解决，因为解决任何问题都需要一个过程。为了吃桃子，三年前就要种桃树；为了防老，年轻时就要生孩子。要正确处理短期利益与长期利益的关系。到了夏季，农民不但要忙于夏收，也要忙于夏耕和夏种。预测未来是困难的，但不是不可能的。谁也想象不到未来的偶然事件，但总可以把握各类事物的发展趋势。人无远虑，必有近忧。领导人不关心企业未来，只知道"火烧眉毛顾眼前"，就等于拿企业的寿命开玩笑。应当指出，不关心企业未来的领导人甚多，正是由于这个原因，少则几年、多则十几年就倒闭的企业为数众多。

但是，从理论与实践相结合的角度来看，生命的价值表现主要体现在以下三个特性上。

特性一：绝对根本性。

特性二：绝对一次性。

特性三：绝对宝贵性。

对于企业来说，我认为，每一个公司在取得伟大的公司气质时，他们都在不断地构建着自己的生存系统，在他们看来，世界正在发生着深刻的变化，只有构建属于自己的生存系统，他们才能持久稳定地得以发展。

美国艾迪思研究所伊查克·艾迪思(Ichak Adizes)博士把企业生命周期形象地比作人的成长与老化过程，认为企业的生命周期包括三个阶段十个时期：成长阶段，包括孕育期、婴儿期、学步期、青春期；成熟阶段，包括盛年期、稳定期；老化阶段，包括贵族期、内耗期或官僚化早期、官僚期和死亡期。每个阶段的特点都非常鲜明，并且都面临着死亡的威胁。孕育期是指创办企业的人都拥有雄心勃勃的创业计划，并且愿意对风险做出承诺，这样一个企业就诞生了。企业诞生后，进入婴儿期，一般来说，这时的关键问题是资金不足，因为一旦企业失去资金的支持，婴儿期企业将难逃夭折的命运。

学步期是企业迅速成长的阶段。创业者这时相信他们做什么都是对的，因为他把所有的事情都看作机会，这常常会种下祸根。青春期是企业成长最快的阶段，规模效益开始出现，市场开拓能力也迅速加强，市场份额扩大，产品品牌和企业的名声已为世人所知晓。在这个阶段，公司采取新格局，创始人雇请职业管理人员，并逐步实现授权管理、制度化和规范化管理。这个时期对企业创始人是个极大的考验。青春期过渡顺利的家族企业产权结构可能发生了变化，股权开始出现多元化或社会化，创始人逐渐从管理层淡化，经营工作逐步由职业经理人承担。但是这一切并非易事。往往是创始人自己仍然参与很多管理工作，与管理层发生矛盾；创始人、管理层和董事会之间发生矛盾，家族成员之间发生矛盾，以及老人和新人之间冲突不断。这些矛盾和冲突成为这一时期企业的主要问题。如果处理不当，企业内部可能发生政变，由职业经理人全面接管，创始人被迫出局（离异），要么职业经理人被赶走（企业倒退到学步阶段），要么家族成员之间反目为仇、家庭破裂等等。企业渡过青春期，终于进入盛年期和稳定期，这是企业生命周期中最理想的状态。在盛年期，企业的灵活性和可控性达到平衡，企业非常重视顾客需求、注意顾客满意度，并且对未来趋势的判断能力突出。盛年期是企业生命周期曲线中最为理想的点，在这一点上企业的自控力和灵活性达到了平衡。盛年期的企业知道自己在做什么，该做什么，以及如何才能达到目的。盛年期并非生命周期的顶点，企业应该通过自己正确的决策和不断的创新变革，使它持续增长。但如果失去再创业的劲头，就会丧失活力，停止增长，走向官僚化和衰退。

企业生命周期曲线是非常理想的，实际上很多企业在发展过程中，由于种种原因与正常曲线分离而掉下来。比如巨人、三株、秦池。它们是在一个转折点上出了问题。一个企业的走向转为下降或上升，出现较大变化的这个转折点非常重要。从生命周期曲线上我们看到这样的点非常多，特别是在两个阶段交替的时刻。每个阶段临界状态的转化叫战略转折，战略转折点也叫危机点，包括危险和机会。如果能战胜这一点，突破这个极限，企业就能继续发展，否则就会走下坡路。因此，企业的战略管理，不能仅仅思考在一个平台上量的增长，必须不断构筑新的平台，不能总是留恋过去的框架，沿袭过去成功的一套过时的方法。一句话，只有生命周期阶段的突破者，才能化

"蛹"为"蝶",只有这样不断的蜕变,才能实现正增长的持续。英特尔公司总裁葛洛夫先生有一句话"当一个企业发展到一定规模后,就会面临一个转折点。"就是说,你要改变自己的管理方式、管理制度、组织机构,否则你仍用过去的办法,就难以驾驭和掌控企业,更不用说永续经营。十年前一个日本人说,全世界企业都存在"一千万障碍",很多企业在收入不到一千万时做得很好,一旦超过一千万很快就完了。为什么?因为一千万以下可以人盯人,靠个人,靠全家人去管理,超过一千万人盯人就难了。超越这个阶段就是不要用人去管,而用制度。企业发展的不同阶段、不同规模必须要有不同的管理,这是企业生命周期的一条基本规律。

无论是对于个人还是企业企业来说,生命只有一次,生命只有一回,我们共同的敌人是死亡,因此,企业家要重视生存,重视生命、重视健康,因为没有了人,物的存在也失去了意义。因为,只有人的健康,才能保证企业的健康,否则是空谈,因为,当今世界财富64%是人力资本创造的。只有通过人与物的相互作用才能创造财富,且人的价值总是大于物的价值。

所以说,人是创造价值的第一要素,有许多领导为了自己的利益,不顾员工的利益,最后自己也没得到所要的利益;员工的心已离你而去,没有了人这个第一要素就不能创造财富。其实,社会价值大于企业价值,企业价值大于个人价值,很多企业跟政府对抗,如中华第一村大邱庄同政府对抗,为了企业的利益阻止公安人员到大邱庄进行人命案的检查,就是不明白这个道理,生产的产品再好,没有客户的需要或购买也是白劳动。

其实,不论是优秀的公司,还是卓越的组织,或是正在发展的企业，不论是长盛不衰的公司帝国，还是不那么永固的工厂，均必须经历时间的考验。中国经济正处在一个变革的关键时期，有许多轰轰烈烈，但最终不过昙花一现，有许多变革的路口，却不知要去向何方？更有太多的企业病毒，最终将企业愈走愈窄，是陷阱、是机会，还是诱惑？

"条条大道通罗马。"可能只是我们美妙的愿望而已，对于企业调整策略来说，并没有多大的用处。企业要思考的是必须面对现实，在危机如此之重的实际情况下，企业策略应该向哪个方向调整才能获得生存。

思考这个问题之前，大多数企业可能还未能做出反应，有点头脑迟钝，抑或是束手无策，因为这确实是企业存在的难题与真实，担心会有"一足失成千古恨"的悲剧。企业策略调整错一步，会影响到企业生存的危险，这一着棋实在让企业头疼。在这样进退两难的境地，企业是做出调整，还是固步自封？

其实，方向已经明确了，只不过是缺少一种勇气，就是那种可以果断出击的勇气，我们很期待企业如此调整。为此，一位中国著名经济评论家也说过："谋划企业整体发展很重要。企业是一个由若干相互联系、相互作用的局部构成的整体。局部有局部性的问题，整体有整体性的问题，整体性问题不是局部性问题之和，与局部性问题具有本质的区别。企业发展面临很多整体性问题，如对环境重大变化的反应问题，对资源的开发、利用与整合问题，对生产要素和经营活动的平衡问题，对各种基本关系的理顺问题。谋划好整体性问题是企业发展的重要条件，要时刻把握企业的整体发展。轮船撞上冰川，全部客仓都进水，所有乘客都遭难。不要认为经理们都能把握企业整体发展,只见树木、不见森林的经理到处可见。"

在对企业发展进行整体性、长期性谋划时把握基本性问题很重要。树叶长在树枝上,树枝长在树叉上,树叉长在树干上,树干长在树根上。在一个企业,树叶性的问题有成千上万,树叉性的问题有成百上千,树根性的问题可就不多了。这类问题虽然不多,但非常重要。要是树根烂了,任凭你怎么摆弄,树叶也不会再绿。领导人要集中精力谋划企业发展的基本性问题。假如企业发展的基本问题解决不好,那么即使再发动员工努力奋斗也不会收到成效,甚至越努力奋斗赔钱越多。领导人要增强基本问题意识。不要只注意把决定的事情办好,也要注意决定本身是否有毛病;不要只忙于摆脱困境,也要忙于铲除困难产生的根源。

所以说,在我们重建企业生命周期的时候,一定要明白:科学家是对生命的好奇心,宗教是对生命的崇敬心,文学是对生命的叹赏,艺术是对生命的欣赏,没有任何东西比生命更有价值,它是至高无上的价值,因为生命只有一次,失去了就永远不会重森。

构建企业的生存系统

对于众多的中国企业来说,第一步就是要确认生存是什么?在满足生存之后,追求的又是什么?对于这两个问题,我认为:如果从马斯特洛的人类需求来说,也是由低到高的阶段。每一企业企业的生存也是如此，他们在满足生存之后，就要追求自己的更高层次。只有这样，他们才能培养起属于自己的公司气质，而这个气质的培养，就需要你注意以下几个要素：

要素一：公司的愿景计划。作为一家企业，仅仅对周围的世界进行观察和学习并不能为构筑一个企业打下足够的基础。发展一种观念并将其转化成为一种能够清楚表达出来的、有着明确定义的愿景，这一点至关重要。这种愿景必须有4根支柱——清晰、持久、独特和服务精神——我称之为企业的精髓。企业的精髓必须来自企业的内部，适合于企业的特点，而且不会随着时间的变化而改变。企业的技术、营销策略、薪酬标准以及许许多多的细节问题总是不停地变化，而且有时这种变化还相当快，蛤是一个成功企业的精髓始终不变。

要素二：公司的战略规划。在企业的战略规划中，企业首先要确定的是"一个什么样的企业？"即企业的使命和愿景，对这个问题的回答，很多企业是根据业务范围来划分，比如"一个电信设备商"，"一个家用产品零售商"，对于一些不确定程度比较低的行业这可能还适用。在不确定的市场环境下，作为一个在较长的周期内进行规划的基本战略问题，把它定位到动荡的外部市场上，其实是不准确的。

要素三：公司的领导风格。企业领导人的影响力是建立在自己的业绩和跟随者的信任之上的。如果一个公司的领导者靠董事会赋予权利，领导人的地位就会很脆弱。而当大家都对你认可，愿意跟你走的时候，领导人才算真正树立起权威。

要素四：经营哲学。经营哲学也称企业哲学，是一个企业特有的从事生产经营和管理活动的方法论原则。它是指导企业行为的基础。一个企业在激烈的市场竞争环境中，面临着各种矛盾和多种选择，要求企业有一个科学的方法论来指导，有一套逻辑思维的程序来决定自己的行为，这就是经营哲学。例如，日本松下公司"讲求经济效益，重视生存的意志，事事谋求生存和发展"，这就是它的战略决策哲学。

当前流行的互联网+战略概念，实际就是以互联网为基础平台的资源整合战略。与以往不同的是，在这个体系构架之下，资源是无限的，战略是无边界的，整合的空间是千变万化的。如果人们仍然按照以往传统的经济学和管理学来看待经济现象以及经营企业，稍不留神，时代大潮就会将这个企业现在所获得的一切积累瞬间击溃，让它灰飞烟灭。这样的观点，是在危言耸听吗？这到底是不是在危言耸听，不能凭直觉，而要看逻辑和本质。

我们要想想，今天的互联网，为我们带来了什么？以往，资源是有限的，战略是有边界的，整合的空间是屈指可数的。而今天，全世界的人才、技术、品牌、制度、管理和物质都可以自由流通。最关键的是，企业在过去所获得的商业利润，很大程度上是建立在信息不透明、不对等的基础上。从最开始的产品研发、原材料采购、物流运输、制造、销售、服务，要经过漫长的过程，每一个环节都在利用所掌握的信息牟取各自利润，增值的环节极为有限，成本在不断提高，价格自然也是高高在上。即使社会大生产能力的提高，价格能降下来，但产销结构失衡、产能落后、重复建设和恶性竞争，导致资源严重消耗、极大浪费，直至传统模式难以为继。

事实上，互联网+时代的到来，它并不是一个简单的新概念。互联网+能给这个时代带来本质的革命，那就是在信息透明、集成和对等的旗帜下，最大限度地整合资源，最大限度地降低成本，最大限度地提升资源精确利用率,最大限度地围绕并满足用户核心需求。在这场产业革命中,无不是"没有",而是无限和无限可能;有也不是很多,而是边界和自我限制。那么,如果只有"无",没有"有",互联网+战略又如何落地呢?

老子说,大道至简,大智若愚。他又说过,有生于无。我们要融入这个全新的时代,要像稻盛和夫一样,必须思考"做人做事何为正确"。大道是简单易懂的,高深莫测的都是权谋和小道;大智慧是不用华丽词藻来修饰的,近乎素直白痴。"无"是起点,是终点,也是战略;"有"是过程,是目标,也是战术。但在自古至今的商业竞争中,人们大多是追求"有",而不懂得"无"的价值。为了战术性的目标"小有",人们往往将商业伦理置之不顾,偷工减料、短斤少两、损公肥私、排除异己、克扣工资、不讲信用等,比比皆是。事实上,终极战略"无"才是真正的"大有",它才是牵引企业持续长青的秘密。

要素五:价值观念。所谓价值观念,是人们基于某种功利性或道义性的追求而对人们(个人、组织)本身的存在、行为和行为结果进行评价的基本观点。可以说,人生就是为了价值的追求,价值观念决定着人生追求行为。价值观不是人们在一时一事上的体现,而是在长期实践活动中形成的关于价值的观念体系。企业的价值观,是指企业职工对企业存在的意义、经营目标、经营宗旨的价值评价和为之追求的整体化、个异化的群体意识,是企业全体职工共同的价值准则。只有在共同的价值准则基础上才能产生企业正确的价值目标。有了正确的价值目标才会有奋力追求价值目标的行为,企业才有希望。因此,企业价值观决定着职工行为的取向,关系企业的生死存亡。只顾企业自身经济效益的价值观，就会偏离社会主义方向，不仅会损害国家和人民的利益，还会影响企业形象；只顾眼前利益的价值观，就会急功近利，搞短期行为，使企业失去后劲，导致灭亡。我国老一代的民族企业家卢作孚（民生轮船公司的创始人）提倡"个人为事业服务，事业为社会服务，个人的服务是超报酬的，事业的服务是超经济的"，从而树立起"服务社会，便利人群，开发产业，富强国家"的价值观念，这一为民为国的价值观念促进了民生公司的发展。北京西单商场的价值观念以求实为核心，即："实实在在的商品、实实在在的价格、实实在在的服务。"在经营过程中，严把商品进货关，保证商品质量；控制进货成本，提高商品附加值；提倡"需要理解的总是顾客，需要改进的总是自己"的观念，提高服务档次，促进了企业的发展。

要素六：企业精神。企业精神是指企业基于自身特定的性质、任务、宗旨、时代要求和发展方向，并经过精心培养而形成的企业成员群体的精神风貌。企业精神要通过企业全体职工有意识的实践活动体现出来。因此，它又是企业职工观念意识和进取心理的外化。企业精神是企业文化的核心，在整个企业文化中起着支配的地位。企业精神以价值观念为基础，以价值目标为动力，对企业经营哲学、管理制度、道德风尚、团体意识和企业形象起着决定性的作用。可以说，企业精神是企业的灵魂。企业精神通常用一些既富于哲理，又简洁明快的语言予以表达，便于职工铭记在心，时刻用于激励自己；也便于对外宣传，容易在人们脑海里形成印象，从而在社会上形成个性鲜明的企业形象。如王府井百货大楼的"一团火"精神，就是用大楼人的光和热去照亮、温暖每一颗心，其实质就是奉献服务；西单商场的"求实、奋进"精神,体现了以求实为核心的价值观念和真诚守信、开拓奋进的经营作风。

要素七:企业道德。企业道德是指调整本企业与其它企业之间、企业与顾客之间、企业内部职工之间关系的行为规范的总和。它是从伦理关系的角度,以善与恶、公与私、荣与辱、诚实与虚伪等道德范畴为标准来评价和规范企业。企业道德与法律规范和制度规范不同,不具有那样的强制性和约束力,但具有积极的示范效应和强烈的感染力,当被人们认可和接受后具有自我约束的力量。因此,它具有更广泛的适应性,是约束企业和职工行为的重要手段。中国老字号同仁堂药店之所以三百多年长盛不衰,在于它把中华民族优秀的传统美德融于企业的生产经营过程之中,形成了具有行业特色的职业道德,即"济世养身、精益求精、童叟无欺、一视同仁"。

要素八:团体意识。团体即组织,团体意识是指组织成员的集体观念。团体意识是企业内部凝聚力形成的重要心理因素。企业团体意识的形成使企业的每个职工把自己的工作和行为都看成是实现企业目标的一个组成部分,使他们对自己作为企业的成员而感到自豪,对企业的成就产生荣誉感,从而把企业看成是自己利益的共同体和归属。因此,他们就会为实现企业的目标而努力奋斗,自觉地克服与实现企业目标不一致的行为。

要素九:企业形象。企业形象是企业通过外部特征和经营实力表现出来的,被消费者和公众所认同的企业总体印象。由外部特征表现出来的企业的形象称表层形象,如招牌、门面、徽标、广告、商标、服饰、营业环境等,这些都给人以直观的感觉,容易形成印象;通过经营实力表现出来的形象称深层形象,它是企业内部要素的集中体现，如人员素质、生产经营能力、管理水平、资本实力、产品质量等。表层形象是以深层形象为基础，没有深层形象这个基础，表层形象就是虚假的，也不能长久地保持。流通企业由于主要是经营商品和提供服务，与顾客接触较多，所以表层形象显得格外重要，但这决不是说深层形象可以放在次要的位置。北京西单商场以"诚实待人、诚心感人、诚信送人、诚恳让人"来树立全心全意为顾客服务的企业形象，而这种服务是建立在优美的购物环境、可靠的商品质量、实实在在的价格基础上的，即以强大的物质基础和经营实力作为优质服务的保证，达到表层形象和深层形象的结合，赢得了广大顾客的信任。

要素十：企业制度。企业制度是在生产经营实践活动中所形成的，对人的行为带有强制性，并能保障一定权利的各种规定。从企业文化的层次结构看，企业制度属中间层次，它是精神文化的表现形式，是物质文化实现的保证。企业制度作为职工行为规范的模式，使个人的活动得以合理进行，内外人际关系得以协调，员工的共同利益受到保护，从而使企业有序地组织起来为实现企业目标而努力。

要素十一：学习型组织的建立。建立学习型组织就是要让企业通过学习来提高竞争力，因为在企业领导者看来，提高竞争力，最终还是要提升生命力，因此，更进一步就是要建立生命型企业、生命型社会、生命型组织，所以说，企业是一个有机的生命体，在这个组织和系统中，一定要有理想、有理念、精神与灵魂，因此要不断学习与锻炼，才能使企业不断新陈代谢，发展壮大，具有无限的生命力。

在哲学里，事物存在永远是发展变化的，静止只是相对而言。一个企业既定的策略，肯定会因市场动态、环境、社会等方面的变化而变化。如果你不信的话，你可以回过头看来一下，你就会发现，中国的企业面临全新的生存和发展环境已经发生了很大的变化。

企业生命律

从世界层面看，由于科学技术不断地加速度发展，导致新技术革命的周期日益缩短，从而使济增长速度加快。在这样的背景下，例如五粮液，当五粮液带领五粮醇、五粮春、京酒、金六福等100多个品牌成功杀入白酒市场时，当初扩张时的经历至今还"让人欢喜让人忧"。谁都清楚，倘若其中任何一个品牌稍有差池，对这个千年白酒的"国粹"都将是毁灭性打击。在鲁酒和湘酒凶猛的攻势下，在众厂商追捧"政治酒"、"文化酒"等时尚定位中，五粮液系列品牌如何定位？如何制造差异？就显得十分重要，这份策划就是五粮液从"一枝独秀"摇身变成"酒业帝国"的向导。

所以说，一家企业如何高速成长，就要看他所构建的生存系统，是否把他们所追求的目标放在了第一位，是否把生存放在了构建团队之前。举个例子来说，比如阿里巴巴、百度、腾讯、联想、海尔、长虹等企业，它们的生存除了自己本身所具有潜在力量之外，企业文化中的团队建设也起了推动作用，它除企业对行业发展的预见性、建立共同的价值观念、行为改革、提高企业领导者的管理能力和培养团队之外，还对以下四点作出了慎重的理解和应用。

首先是人员。每个人都是唯一的，企业要在恰当的时间把知识传递给所需要的人员。通过这种方式使人员的能力得到提升，激发员工释放出自己的潜能，使其为企业创造更多的价值。

其次是协作。合作使人们交流知识并创造价值，没有合作，人就困在信息孤岛里，而企业的业务员也无法发挥其所有的潜力。信息系统要促进企业各部门之间、企业与供应商和客户之间的沟通交流，使企业员工不受时间和空间的限制，一起有效地工作。

第三是架构。一个可靠的企业架构可以使所有人员以一种实用而高效的方式来组织信息。信息系统帮助企业各个部门的人员共享信息并减少重复工作，使企业可以跨越由于人员、职能、部门甚至是国家不同而带来的障碍。合理的架构能使工作流程更加清晰，且避免产生不必要的开销。

第四是回报。每项业务都需要回报，企业只有不断创造价值才能发展。信息系统可以帮助管理者即时获取重要的公司信息和客户数据，使管理者可以基于准确的信息做出决策，从而使整个组织内部更好地运转和获得更大回报。

由此可见，一家企业要发展，就必须认识到，公司的生存系统是现代意识与公司个性相结合的一种群体意识。每个公司都有各具特色的生存系统，一般地说，公司的生存系统是公司全体或多数员工共同一致、彼此共鸣的内心态度、意志状况和思想境界。它可以激发公司员工的积极性，增强公司的活力。公司系统作为公司内部员工群体心理定势的主导意识，是公司经营宗旨、价值准则、管理信条的集中体现，它构成公司文化的基石。它成为指导公司发展、整合员工作风的思想利器。

当我们谈到环境和生命不可分割时，我认为这跟企业的经营理念和怎样去理解一个企业的观念有很大关系。我理解一个企业，它本身是一个生命体，它生活在一个环境里。只有这个企业适应了这个环境，他才能拥有巨大的生命力。这正如我在《如何造就中国的微软》的前言部分所写：

从中国目前的社会动作机制和文化背景来看，现在的中国企业一定要认识到环境的重要性。企业的生态系统实际上就是我们企业在运行时构造一种环境。除了平时所讲的市场环境、客户环境外，我认为还须构造一种资本能够不断投向企业的环境，其本质就是企业和股东间信赖的关系。

当我们的企业谈到国内投资环境不太好、风险资金不够多等，我倒是有另外一种感觉：我们企业首先应把自己的经营管理搞好。资金永远是流向最有魅力的企业，投资到最有信誉的企业。所以，我认为改善资本环境的根本还在企业本身，在于企业的规范化、企业的透明度、企业对投资者负责任的态度。

投资者对于一个企业的信任本身是构造一个良性生态环境的基础。当一个企业拿了股东的资本而不为股东负责的时候，就像自然界的生态环境被破坏一样。你破坏了一次之后，就失去了生存空间。你希望下一次投资者再关注你的企业，再给你钱，我认为是不现实的。

实际上，投资者也越来越聪明，我们企业经营者应本着一种理念，投资者比我们还要聪明，他投资本身就是为了回报，为了使他的投资获取更大价值。

"适者生存"这条自然规律，对生物有用，同样对企业有用。所以说，要保持旺盛的生命力，就必须制定好战略，加强企业管理，搞好市场营销，才能稳步发展，也就是说，在制定企业战略时，既要遵循系统律(保证方向)，又要遵循变化律(进行调向)，在企业管理时，既要讲因果律(因果律就要求，先付出，后回报，有付出，才有回报，任何投机取巧，偷工减料均是不行的)，又要讲双赢律（甚至是多赢），要处理好股东、员工、政府员工、供应商、代理商、消费者等彼此关系，才会有好的发展，在市场运作时，既要讲竞争律，又要讲双赢律，就像森林一样，只有不断向上生长，才能见到阳光，因此要讲究竞争，企业才能发展，但彼此在同一土地吸收同样的营养，一个企业就像一棵树一样不抵抗风雨也形成不了气候，而必须形成一片森林，才具有新陈代谢机制，企业才有造血功能，贫血的企业是没有生命力的。

构造公司的生存环境

企业生态系统是一个自适应复杂系统，它适应环境的能力，改变环境的创新能力；但人掌握信息、识知能力、处理问题能力是有限的，所以是有限理性的，单独个体是脆弱的，所以有组织起来的倾向和适应组织的能力；不仅要追求自身利益极大化，并且会利用自身掌握的私有信息实施谋求自身利益而损害他人利益的行为，所以决定了企业内部具有不稳定性。同样人具有对环境的适应和创新改造环境的能力；它具有限理性的，因而会决策失误；它会追求自身利益极大化，并且会表现出机会主义行为，环境资源的有限性和企业追求自身利益极大化决定了企业的竞争性，企业间的竞争性、自适性、创新性和有限性决定了企业生态系统的复杂性。

迈克尔·汉默和姆皮在他们的《重组企业工作》一书中说："在没有一个开放的环境与充满人性化的环境里，企业的发展是会受到限制的。只有建立一个宽松的环境，才能让信息得以充分的沟通"。为此，我在《在软件风暴中超越企业再造》一书里曾作出这样的论述：

在中国的企业界，许多企业在竞争中倒闭了，而东软、用友、方正、联想、金山等企业却在极端困难的情况下成长起来，其原因是什么？其原因是这些企业领导者充分地认识到：

1. 中国是软件需求大国，但软件产业群体规模仍然很小，中国软件产业崛起的根本出路，还在于众多软件企业组织的精锐力量的群策群力。

2. 中国软件产业的发展速度非常快，但中国软件产业要得到长足发展，必须找到适应自身发展的行业。

3，软件企业向英特网、电子商务方面转变具有巨大的发展潜力，但也要认识到还有误区存在。

4. 在电子商务的范围下，以应用软件为代表的系统软件将打破软件业现有市场规局，基于国家信息系统安全的软件开发，完全是有所作为。

比如东软能够成为中国应用软件的领导者，主要是建立了一个明确的、符合中国市场需求的计划和富有吸引力的战略目标，即作为一个解决方案的提供者——应用软件的提供者。这种成长模式给我的体会是观察一个新行业的出现是件令人自觉渺小的经历，但对于中国软件企业来说，有三件事情很清楚。

第一件是：软件将凭借自身的力量从硬件销售中分离出来，成为一个新产业，并具有无穷力量。

第二件是：未来的不确定性将如此之大，创新的速度将如此之快，管理的挑战将如此之巨，以至于需要无数的见识和能力才能在这种环境下成长。

当我在为众多的中国企业服务时，我就看到很多企业早先的想法已经不仅仅变成了现实，更重要的是还体现出这个行业确实已经发展得超越了绝大多数人的想象，成了一个数百亿美元的产业，而且许多公司在带着出色的产品进入这个市场。

第三件是：信息技术的进步，特别是互联网迅速发展将从根本上改变整个人类的社会生活方式；生产力水平的提高对经济规模和经济联系不断扩大的内在要求，跨国公司在国际事务中的作用日益加强，以及交通、通讯技术的发展等因素加快了国际经济一体化的进程；世界范围的竞争愈演愈烈。

从上述的论述可以看出，企业必须从竞争的角度和所处的生态环境的角度来把握内生态环境的动态稳定性，使企业适应竞争的生态环境。企业管理是设计和执行一种合适的制度，以确保企业内生态环境的动态稳定性和适应竞争的外生态环境。所以说企业必须具有核心价值观，并以此为基础，形成自己独特的经营理念。

第二章
企业目标是伟大公司的起点

美好目标与愿景，要用大多数人可以接受的语言来描绘，"乌托邦"与人类童话没有本质区别。不同的是，我们知道童话是人类的一个美好梦想，是在梦中，在希望和憧憬中。而"乌托邦"则是在错误的时间、错误的地点用错误的方式来实现这种梦想，结果自然可想而知。

明确企业目标

一个企业仅有使命是不够的，还必须有具体的目标，这样员工才能知道具体应该做些什么。企业的目标应该涵盖八个领域：市场营销、创新、物质资源、资本资源、人力资源、效率、社会责任、利润要求。目标的制定要紧密围绕企业的使命；应该非常细化和具体，具有很强的可操作性；要能够调动企业内的资源。

目标是个性的一个功能，而人们只有在个性缺失的情况下才会注意到它的存在。如今的新闻铺天盖地都是关于企业缺乏个性的例子：安然公司（Enron）、安达信会计师事务所（Arthur Anderson）、世通公司（WorldCom），这些例子还只是反映了商业领域的状况。几乎每一天，报纸的头条都会告诉我们，政府在战争时所宣扬的和实际情况相差有多远，即使是在体育界——在实况直播、没有准备的竞技比赛中——丑闻也开始出现。

我们不禁要想，在每一个被玷污的企业背后，都有一个人，他完全不记得法律对他也同样具有约束力。于是，他铤而走险，无视法律。他并不觉得自己是在犯罪，他觉得自己不过是比较"强势"和富于"企业家精神"罢了。这些卷入丑闻的人们的私生活使我们听到更多类似的强词夺理，好像他们并非是不道德的人，而是好伴侣、好父母和有爱心的市民。

看到那些出入法庭的人们，他们和我们是如此相像，这非常令人担忧。他们和我们一样吗？如果我们发现自己的所作所为其实就是在欺上瞒下，那么答案是肯定的。但是，如果我们是胸怀目标的人，答案就是否定的。

毕竟，我们的生活当中不乏成功的故事。无论是在商界还是政界，那些领导们千篇一律的目标都是多赚钱，或者就是成为耀眼的成功者。在一些成功的企业里，它们所做的只不过是在需要的时候给一颗糖果达到鼓舞士气这样的目标，但是这种目标无不是围绕着使利润最大化或者其它类似的物质成功为目标的。

既然知道这些事实不可否认，为什么我们还不能把成功归功于单个领导者（例如首席执行官或政府首脑）的自身个性或是精英团队的努力工作呢？

因为目标是凌驾于野心和贪婪之上的。

目标的范围大于战术。战术仅仅是说明了领导者借以达到目标的方式。

目标的范围大于战略。战略最多只能是一个短期目标，一个逐步通往最佳结果的途径。安然公司拥有战略，而且事实上它拥有相当多的战略，但是战略只关乎途径，其本身却无法成为目标。目标是理由，安然公司缺乏的就是理由——也就是说，安然公司没有目标。

目标之所以关键，在于它的范围之广和存在之普遍。它的内涵广大，远大于商业公式中的任何其它要素，同时它包含更多内容。目标是你追求使命的一种选择，它决定你自己以及你所领导的企业将何去何从。虽然目标是你作为领导者，也就是自我的领导者或是其它人的领导者所做出的抉择，但它并不是你能够一蹴而就的，或者说并非完全通过那种理性的或分析性的过程才能得出的抉择。成功的目标来自你对自身和所处环境的深入了解，还有明了自己将要完成的使命。同样，它需要用到你情感上的自我认知和睿智的思想，需要动用你的全部资质、全部经验和全部信仰。

目标是你信仰中的基因，它是你不经思考就相信的东西。当有人向你找寻问题真正正确的答案，而非表面正确的答案时，目标会是你给他们的回答。

目标对于公司成功的重要性，体现在以下三个方面：

第一，目标是成就的源泉。如果能了解目标在其中所起的作用，我们对理解大部分关于致富和成功的故事来就要容易得多。

第二，目标让我们看到隐含在任何人类活动之中的动力。它表明了一个团体和组织之中那些最本质的问题，如：动机和行为。目标作为核心力量，是其余一切大小事物的原动力。

第三，成功的领导者们最乐于谈起的就是目标，即使他们一般不用目标这个词。他们的每日所见让他们关注目标。那些最受领导赏识的业务主管们都是以目标为驱动力的，而那些最让领导操心的业务主管们就不是这样了。

我希望在人们的惯常理解中，目标不只是一个用来鼓舞士气的方式。在《101条经商必备》一书里，目标这个要素并不被看重，甚至可以说完全被忽略了。所有的重点都集中于经济学上：上市公司只生产和提供能为股东们带来利润的产品和服务；私人公司存在的意义仅在于为其所有者牟利；非营利组织则靠筹得的资金为社会创造价值，一切都是金钱至上。

在现实的商业领域和公共事业领域，目标只是多得了那么一点点认可而已。美国哥伦比亚广播公司（CBS）公共关系主管吉尔·施瓦兹（Gil Schwartz）在向《华尔街日报》（Wall Street Journal）推荐商务书籍时，提到了尼科洛·马基雅维利（Niccolo Machiavelli）所著的《君主论》，吉尔认为本书诋毁了目标在人事领域的重要性，他对本书还作出了以下评论：

"《君主论》貌似一本支持强权君主的哲学理论书籍，而实际上不过是给那些无情的自恋者画出的一张导航图，这些自恋者能取得成功是因为他们首要关注的是如何成为'头号人物'。马基雅维利揭示了一个通向商业成功的核心准则：道德关注在成功的商业管理活动中毫无用处。《君主论》不能说是一本好书，它怂恿人们先发制人地扼杀和毁灭敌人，甚至在必要时不惜对朋友下手，但是它也是有史以来所有成就了一番伟业的领袖们无不拥有的世界观。马基雅维利将大人物们的策略传达给了任何有志成为大人物的读者。基于对马基雅维利观点的深刻理解上产生的商业管理规则，一经形成便具有了冷静、有礼、深思熟虑并富有战略性，然而它却是残酷无情的。"

这里面有一句话很醒目："道德关注在成功的商业管理活动中毫无用处。"但现实并不是这样：道德关注其实能让人受益无穷。所以我在本书中驳斥了那种"随时待命，视季度成果为一切，为争得高层领导席位在所不惜"的想法。我承认，一个主管可以靠精明的权术迅速晋升到领导层——但是在特定的时期，你必须要承担起领导该承担的责任：当生意不景气、危机严重时，你的员工们都指望着你的引领，如同鸟巢中的幼鸟眼巴巴地等待大鸟觅食归来一样。在这个时候，没有人再可以成为你扼杀的对象，也没有什么人是你所支持的对象，你就可能成为众矢之的，到这时，马基雅维利的论调又有什么用呢？

爱默生说过："商业是神圣的。"我也笃信这一点，有远大目标的人必然有远大前途。我相信，首席执行官们如果要做好工作，心怀远大目标是他们最必要的素质。他们选择一些主管人员来实现目标，并要看目标是否在这些主管人员们心中真实存在。目标使我们看到伟大和优秀之间的差别，看到传奇般辉煌的成就与值得褒奖的业绩之间的差别，看到流芳后世的功绩与昙花一现的虚名之间的差别。

我们也许在报纸上读到过关于告密者伸张正义却遭到迫害，或是行政要员因拒绝同流合污而被踢出管理层的悲惨故事。的确，目标不是获取成功的保证，但它是成功的，至少是获得长远意义上的成功的前提。要想迈向成功的制高点，我们需要对自己抉择和行动的原因有一个一致而清晰的认识。那些能和公司的最高利益保持一致并能因时制宜调整战略的人，将被回报以高职衔、大职权和高薪水。万众喝彩，掌声雷鸣，丰厚的回馈只属于真正的英雄，那些心怀目标的领导者们，与急功近利无缘。

半个多世纪前，杜拉克在《管理实践》一书中首先提出，管理的五大基础之一，是制定目标。杜拉克认为："管理者要完成的任务必须来源于公司的目标。所有组织都会因目标和获取目标成果的方式不同而有所不同。"他甚至认为："最有效的管理原则之一，即让人们目标一致、齐心协力的途径之一，就是使组织的目标具体化。管理根本的挑战就是将自己组织机构肩负的使命转换为具体行动的目标。"目标是生存的第一动力。

目标也是企业的战略。例如在"互联网+"时代的战略经营哲学里，我们就可以这样认为，现在，互联网+时代来了，信息所带来的力量像大海浪潮一样无边无际。人们都看到它来了，有的人希望能尽快适应，有的人极其恐惧，有的人麻木不仁，有的人心存侥幸……不管人们持什么态度，互联网+都将用它自己的方式来影响人类，给习惯于过去模式的人类带来革命性洗礼。对于这个时代，有人仅仅把互联网+当作赚钱的新工具，利用先机成新贵，精心筑造新的围墙；还有人把互联网+上升到哲学的高度，他们掌握规律后坚持"人人为我，我为人人"，真正领悟开放真谛，真正收获商业重生。

众所周知，互联网本身就是开放的，它意味着价值创造的无限可能性。用一个"+"，让人们尽可能去发现和利用更多的可能性，从传统的思维模式和商业模式中解放出来，像药引一样，这对治疗当代病态的经济结构及经济秩序是很有必要的。但是，我们要认识到，不用这个"+"来区隔，互联网的力量照样非常强大，我们一样可以从中学到很多东西，而不要受限于现有的利益集团。如果我们利用互联网+，仍然做传统商业的事情，追求个体利益最大化，本质上只是换汤不换药，并不能为这个资源枯涸、地球变暖、道德沦丧的人类社会带来新贡献。

人类组织的产生，正是人类希望实现自身目标的结果。通过有效管理，人们得以将自身的目标转化成具体的行动。

对管理最根本的挑战，是将自己的组织机构肩负的使命转换为具体行动。最为有效的管理原则之一，也是人人目标一致、齐心协力的途径之一，是使组织目标具体化。

使命与目标相比较，二者既有联系又有区别。区别是说，使命是组织存在的目标，是"魂"，是基本不变的信仰；使命就像北极星一样，能让企业有一个明确的大方向，引导组织努力向前。而目标是血肉，是"活动"的血液，是随时随势变化调整的。联系是说，使命是组织"最终、最高"的终极目标，一般很难实现，是必须一直努力向前的大方向，是永远的未完成式。而目标则不然，它是可以实现的，是可以在一段时间内完成的。目标是使命在某个阶段的具体化。当然，旧的目标实现了，新的目标又将确立。组织为达成使命需要具体的目标。

"企者"，"好高务远"之人。按《辞海》的解释，"企"是将脚后跟踮起来，向前探望，所谓"企跟探身远望"者。清末民初我国著名学者王国维先生在《人间词话》里谈到，凡做大学问、成就大事业者，必经历三种不同境界：第一种境界，是"昨夜西风凋碧树。独上高楼，望尽天涯路"；第二种境界，是"衣带渐宽终不悔，为伊消得人憔悴"；第三种境界，是"众里寻他千百度，蓦然回首，那人却在灯火阑珊处"。

做企业同样如此。没有"独上高楼，望尽天涯路"，企业是不可能最终做大、做强的。这"独上高楼，望尽天涯路"，实际上是看清方向、明确目标。企业目标是企业全体一致共同努力的方向，目标如灯塔，引导企业员工朝一个结果努力。一个具有了目标的企业在实际运作中才有方向。一个优秀的企业应该建立一个远大、具体的目标，激励和引导企业前进。

就拿中国如日中天的家电制造企业而言，如果我们对待"互联网+"带来的影响，只做工具性的应用，而不做商业模式的解构、创新与重构工作，只做简单的跨界利益集团间强强合作，而不能跳出利益集团的利益来看待创新和进行创新，这样的合作是走不远的。在这个全新的时代，供应商、品牌商、销售商、服务商和用户的关系要重构，很多环节要取缔，有些角色被取代，甚至要消失。当代环境下，是用户牵引商业，而不是商业垄断和控制用户，这是最根本的变化。

从国内商业发展趋势来看，传统渠道、大卖场、自营渠道（专卖店）、电商渠道（自建或第三方平台）并存，企业在处理与这些销售渠道关系时，并没有非常成熟的解决方案。而且，不管是哪一种渠道，譬如本世纪初兴起的连锁大卖场和2010年左右兴起的电子商务渠道，它们的革命性和创新性，很快就被各自组织所追求的商业利益所捆绑，开放和趋于免费的互联网精神荡然无存，革命自然无法成功。

既然"互联网+"时代已经到来，我们要敢于否定自己、否定习惯，否定过去的模式，否定过去的成功与失败，在全新的商业生态链条扮演好自己的角色，做好本份，从"零"开始，迈向新"1"。当然，对于中国制造企业而言，做好基于用户需求的精准研发、精益制造、品牌建设和精细经营，才是尽到它自己的本份，这一点在任何时代都不会过时。当然，每个企业在创新时的策略是不一样的，海尔的发展路径基于模式和平台进行互联网+的创新，组织小微化；志高的发展路径则是基于用户和产品进行互联网+创新，再向上下游商业模式进行颠覆；美的则是在前两者的基础进行大手笔整合和创新。现在，还难说谁优谁劣，也不宜去评论。真正能够结合企业实际，又能有战略高度和前瞻眼光的整合，才是有价值的创新，才能真正跟上时代。

所以说，企业为了在市场竞争中处于有利地位，为了更多地增加利润以利企业生存和成长，为了全面满足客户的各种要求，企业经营就必须不断设定更高目标。为了达成目标，就必须让全体员工都清楚地知道目标，使目标成为全体成员共有，并变成自己的东西。人生目标越高，取得的成功就越大，否则相反。企业也一样，主动设定更高目标，就可以向着目标动员员工，集中所有的精力去努力奋斗，这是一致性企业成功的关键。

拥有共同的企业目标

彼得·杜拉克说："并不是有了工作才有目标，而是相反，有了目标才能确定每个人的工作。所以，管理者应该通过目标对下级进行管理。企业的使命和任务必须转化为目标。"

那么，哪些人拥有目标呢？

在声名显赫的商业领袖背后，总有关于目标的故事。这些故事也许并非像外人所传说的那样，但当你深入地观察这些领袖，并感受其企业的影响力时，你会发现，在他的成就里，目标确实功不可没。我们以四位领导者和他们所创办的企业为例：亨利·福特（Henry Ford）和他的福特汽车公司，托马斯·沃森（Thomas J.Watson, Sr.）和他创立的IBM公司，山姆·沃尔顿（Sam Walton）和他的沃尔玛百货公司（Wal-Mart），西格蒙德·华宝（Siegmund Warburg）和他总部设立于伦敦的华宝投资银行。在他们离世多年之后，他们的企业仍在持续发展壮大，有趣的不仅是这些人的创业动机，还有这四个人都富可敌国时，他们的目标凌驾于单纯的牟利之上。更重要的是，就每个人而言，他们的个人目标、道德目标和商业目标都是一致的：一致的行动便能实现他们的目标。

福特凭借着强有力的、被称为汽车的新机器，终结了尼采所说的

"愚昧和机会统治的时代"。正是这种英雄主义使他开发出福特T型车，一款他深信会受到全世界欢迎的车型。华宝为了打赢同英国铝业公司（British Aluminium）的收购大战，不止一次赌上他的事业和公司名誉而在所不惜，他屡屡获胜，成为了人们心中反对旧势力的英雄。华宝的英雄主义与尼采的思想也有着密切联系，他和福特之间的区别就在于，他对自己的雄心壮志敢想敢言。沃森乐于探求"眼前觉察不到的事"，即便时局低迷，他也要强调探索发现，这样，只要时局好转，IBM就胜券在握。沃尔顿通过提升顾客生活质量、激励顾客的方式来服务于顾客。他向员工灌输的道德观念是：要像他一样，永远以"优于其它商家的服务质量"来对待顾客。这种根深蒂固的利他主义使沃尔玛公司的管理严谨有素，成为了令同行叹服的超强企业，这个企业总是能谈成最优惠的价格，能及时地从远方调集货物，并保持了灵活变通、应对及时的优势。

当然，世人也许并不总是认同山姆·沃尔顿怀有利他主义的目标，在他们看来，沃尔玛很可能比其它企业更注重谋求利益。他们可能有充分的理由这么认为，但外人的眼光无法改变山姆·沃尔顿和其员工们对精诚服务的追求，在他的有生之年，正是这种不懈追求换来了沃尔玛的成功。

目标的影响力绝不仅仅局限于过去的成功事例。在今天的私营企业里，许多知名领导者也是同样心怀崇高的目标。沃伦·巴菲特多年来精诚追求卓越成就，正如他曾写过的那样：他把自己看成一名艺术家，并把一次次的投资看成是"作画的帆布"，任他在上面表现自己的才能。追求卓越让他在一家名不见经传的小企业（伯克希尔-哈撒韦公司）里建立起高度理性化、标准化的投资体系，从而使这家小企业能在华尔街的不良竞争中获利。比尔·盖茨和他的前人亨利·福特一样，也是英雄主义的化身，从一开始，他就将目标定位为：要取得前所未有的成绩。富于创造精神的理查德·布兰森（Richard Branson）是维珍集团（Virgin Group）的灵魂人物，他旗下每一家公司都体现了探索发现目标：探索让他更好地了解世界，从而能够为顾客提供独具特色的服务。赫布·凯莱赫（Herb kelleher）的西南航空公司（Southwest Airplanes）从一开始便将利他主义体现在其目标之中：努力为其乘客提供低价、舒适的空中旅行。戴维·尼勒曼（David Neeleman），美国捷蓝航空公司（JetBlue）的创办人，在他的创业过程中进一步发扬利他主义精神，最终成功地做到了让捷蓝航空与西南航空分庭抗礼。

在换首席执行官时，一些公司的目标也随之改变：杰夫·伊梅尔特（Jeffrey Immelt）接管通用电气公司之后，即用他的探索型目标取代了其前任杰克·韦尔奇的英雄主义。考虑到通用在下一轮工业基础建设之中的领军地位，他的取代无疑是一项顺应时局的转变。一些领导者把同种目标从一家公司带到另一家：史蒂夫·乔布斯从苹果电脑公司转到NeXT，再到皮克斯动画公司（Pixar），然后又回到苹果电脑。无论在哪里，他都是追求卓越目标的化身，而这一次，他无疑会将同样的目标带进迪士尼。还有一些领导者理所应当地在职业生涯中转变了目标，英国石油公司的约翰·布朗就是一个例子。几乎整个20世纪90年代，英国石油公司同它的劲敌埃克森美孚公司一样，秉承大英雄主义的目标，但为了支持环保事业，应对气候变化，英国石油公司作为同行之中行动最积极的一分子，将其目标转向了探索发现，从而这条路无论将通向何方，它都义无反顾。

公司的目标一旦更改，便会有一场变革接踵而来。这时，只有领导者认识到目标已转变，并做好充分的准备来迎接它，这场变革才有望成功，否则，变革很可能受挫、中断，甚至产生负效应。

最后，目标并非是知名企业家和大型公司的专利。无论在大公司还是小企业，在公共领域还是在私营部门，任何现代企业的领导者，都可以寻求目标并通过目标管理，形成竞争优势。

领导者们该如何利用目标来创造优势条件呢？目标并不是简简单单制定出来的，它需要一个探求的过程，同时，领导者们还应当开发战略，并保证该战略与目标相一致。这就要求他们倾听自己的内心思考和员工们的想法，善于感知自身的道德观念，并善于发觉企业自身实力可能创造的商机。

接下来，他们需要在企业中成立一个目标委员会，以身作则地把制定的目标落实到具体的任务及目标当中。在制定具体任务的过程中，领导者需要不断审视目标，以确保它符合公司和员工们的利益。另外，必须建立适当的体系和机制来维持整个目标进行的动力。

有效的目标不仅能被落实成任务，还能在企业其它非正式的活动中发挥激励和引导作用，也能在员工与顾客、员工与员工之间的互动中起到作用。目标使这一系列的日常活动具有了一致性，这种一致性不只是体现在一个时间段上，而是贯穿企业的整个发展过程中，它让企业独树一帜，真正地有别于其它竞争对手。至此，赚取超额利润才成为可能。

目标还能减少创业者在前进过程中遇到的阻力和恐惧，让革新者们能透过现状看得更远。目标加强了企业内外个体之间的信任，也让他们更多考虑彼此的需求。这样，目标就推动了两种关键活动——革新的开展和关系的建立，正是这两种活动增强了企业的实力，也扩大了企业的竞争优势。它们不断为企业注入新活力，并创造持久的竞争优势，这种优势不会因为企业战略地位的改变而削弱。

总裁们一般不容易将问题归因到目标上。通常，他们倾向于根据表象将问题归因到其它相对浅显的层面上，如果出现下面这些迹象，就暗示着目标内涵里的某些内容在缺失：

● 公司员工士气低下、气氛过于随便，人们缺乏活力，看不到忙碌的场面。通常这种懒散局面反映了员工们对高层管理者的怀疑，他们觉得管理层做不到言行一致，所以也就不太相信其言论。

● 员工呼吁启用新战略。这有时意味着需要进行彻底的战略转向，而有时只需领导者对现行战略进行重新的审视，然后再加以确认。

● 既定的战略执行起来有困难。即便分段目标和行动计划都已确定，但没有实际行动——至少没有正确的实际行动来与之呼应。

● 公司存在无法澄清的声誉问题。无论公司总裁们如何大谈正直人格的核心价值地位，公共关系部的人员们如何尽力疏通，媒体仍能不断捕捉到一桩桩丑闻，似乎再微小的丑闻都有报道价值。

● 出现了能让公司转变目标的契机。比如新主席或新总裁的上任，借着这个东风，公司可能会另辟通途或回归本源，亦或以新姿态出现。

● 重大的结构性转变——例如合并，迫使企业重新审视其战略，也令员工们不得不转换身份、调整方向。

是不是觉得这些情况似曾相识呢？答案应该是肯定的。如今，大多数企业都被这样或那样的问题所困扰，而它们都与目标相关。如果情况是这样，那么本书后边的内容就和你息息相关。即便你觉得自己大学时代就已经受够了哲学理论，但你还是应该仔细阅读本书其余的内容，因为目标乃成功之路。既然下定决心要干一番事业，就没有哪个理智的人愿意以失败告终。

企业目标的建立，是企业发展有了一个出发点，有了原动力，有了前进的方向。从这个出发点出发，朝着这个方向，依然需要走很长的路，需要付出很大的代价。换句话说，"企业使命"是解决建立一个什么样企业的问题，是相对固定的，是可以在不同时间、不同地点用不同的语词诠释的，是精神的；而"企业的目标"，是实现使命的步骤、阶段条件，是物质的，是可以调整变化的。

企业没有这种具体的、物质层面的目标，则失去了带领员工前进的动力，也无法凝聚每一个员工，企业也就无法在竞争的环境中生存。

为了在市场竞争中处于有利地位，为了更多地增加利润以利企业生存和成长，为了全面满足客户的各种要求，企业在经营中必须不断设定更高的目标。用这个主动设定的更高目标，动员员工、调动员工所有的精力去努力奋斗，这是企业市场成功的关键。而要达成这样一个目标，就必须让全体员工都清楚地知道这个目标，使目标成为全体成员所共有，并使之具体到每个员工自己的行动之中。如果企业能够真正达到这样的目标，那么这个企业就达到了一种境界。

联想董事局主席柳传志说："办企业有点儿像爬珠穆朗玛峰，目标是爬到山顶。不管是从北坡上，还是从南坡上，都能爬到山顶。但你做企业，你的队伍总不能一半人从南坡上，一半人从北坡上，这是不行的，大家要从同一个方向朝目标前进。只有这样，这个企业才会在竞争中有获胜的机会。"

第二章 企业目标是伟大公司的起点

"我们都是来自五湖四海，为了一个共同的革命目标走到一起来了。"这是20世纪时中国革命的导师毛泽东在组织领导和教育人时说的一句名言，这成为协调解决中国人民内部矛盾的基本前提。这个"共同目标"的建立，使成为具有高度一致性的组织，而这种一致性在某种意义上讲，又使这个组织具有了不可战胜的力量。

我们每个人自出生起就开始树立目标，因为生存需要目标，没有了目标就没有了自我。没有目标的生存只能称其为"苟且"，在社会生活中，就单个生命来说，生存可以"苟且"，但对社会组织而言，"苟且"是绝对不可能生存下去的。

2003年3月，联想少帅之一、神州数码总裁郭为先生在"2003企业家论坛"上，意味深长地为在场人士重新演绎了《西游记》故事。他说：《西游记》中随唐僧取经的白马有个兄弟叫毛驴。白马和毛驴的生长环境一样，但后来，白马随唐僧取经，历尽千难万险去了西天，而毛驴继续拉磨。取经回来后的白马自然成了神仙，毛驴兄弟非常不服气。白马说，毛驴兄弟，咱俩走过的路一样多，我虽然去西天取经往前走，但是你一天也没停止过走路，我们惟独不同的是我有一个远大的目标，我把它走完了，而你围着磨盘转了十年。

企业目标不仅使联想聚集了一批人才，而且使它成为了区别于其它中关村企业的关键所在。 与此相同，是"数一数二"的战略目标，成就了杰克·韦尔奇时代GE的霸业。

宏伟的目标和切实可行的具体实施步骤结合，是企业成功的法宝。在我们所选择的样本企业中，他们成功的原因之一，是具有远大目标和理想。这个"目标和理想"不仅伴随着企业的市场成功，而且在企业遇到市场困难，企业成长举步维艰的时候，依然支撑着企业前进的同样是这个目标和理想。

随着我国经济"互联网+"战略的发展，在互联网方面的变化也在发生着重大改变。过去传统企业主要是通过压缩渠道和年轻劳动力的方式来实现利润的增加，但是现在在老龄化速度加快和劳动成本的增加的情况下，传统企业的利润在进一步压低。在互联网时代，企业需要从新思考在大数据时代的发展模式，通过企业大数据的分析，研究出一套完整的服务系统服务用户将成为越来越多企业的关键需求。

移动网络在现代社会已经不是新鲜事物了，但是移动互联网带来的影响却比PC时代要大得多。移动互联网的加速发展，使中国进入了真正意义上的大数据时代，移动设备具有天然的传感器的功能，这成为企业收集大量数据的重要工具。

目前，在我们统称的数据并非是单纯指的互联网发布的信息，这包括在互联网时代，各种能连接互联网的设备所产生的数据，包括位置、运动、震动、温度、湿度乃至空气中化学物质等信息，这些信息的汇聚就产生了海量的信息。

企业获取的海量数据如果能充分的利用分析，这将决定企业未来的发展方向及企业战略定位。那么，企业如何如何获取海量数据呢？下面，中企百通为大家介绍这里面的门道。

在企业运营过程中，产生的大量数据，首先需要能做互联网接入服务，简单来说就是那么大的数据需要能有一条路能走到想去的地方，然后需要有一个数据中心，简单来说呢就是大数据有路走了，那么要走到哪去呢？当然是去一个地方存储起来，就是充当一个仓库，以便后面的分析处理。一般来说，大型互联网企业会自己申请因特网接入服务、ISP许可证和因特网数据中心、IDC许可证来存储和处理数据，比如阿里巴巴。

在进行数据分析完之后，如何根据数据分析出来的用户习惯，来更好的服务用户呢？目前最常见的就是利用呼叫中心和移动SP业务，进行用户的管理。这两项业务现在可以外包给有呼叫中心许可证和SP牌照的企业来做，也可以自己申请牌照建呼叫中心系统和进行SP业务。

企业大数据的战略意义其实主要不是掌握各种大数据，而是在互联网时代，能获取到与企业战略发展息息相关的数据。如果企业把大数据当作一种产业，那么这种产业将为以后企业实现长久发展和不断盈利提供支持，通过对产业的加工能力，更加精细化的管理产业。

这二十年来有为数不少的企业和企业家的失误和失败缘于他们目标选择的错误：企业选错了前进的"灯塔"，一些企业家把赚多少钱定为目标，什么赚钱搞什么，什么热做什么，今天炒房地产，明天玩股票金融，赌博心理很重，目光再稍微远点的就是将企业有多少资产作为目标。其实这些都不应该是企业的正确目标，企业正确的目标应该是根据产业和自身的优势，确定你从事哪一个产业，要成为一个什么样的企业。如果以利润和资产为目标的话，往往导致企业的短期行为。因为如果以资产为目标，那么大量收购企业就可以完成，但这并不等于是一个好的、成功的企业。

目标是一个远景。例如在互联网+和大数据时代，万达董事长王健林在现场做了《互联网+实业融合》的主题演讲，在他看来，互联网+如今如此火热，是因为时代思维变了，思想变了，方向变了，未来的出路一定是互联网与实业融合，线上线下的融合。为此，王健林提出了万达的企业发展目标：

第一、互联网+三步

在大家眼中,万达靠地产起家,印象一直停留在商业中心的概念。王健林此次公布了万达的一些数据,数据显示,万达在2016年上半年到店访问人数、消费者90多亿人次,所以预计到年底有一个消费者高峰期,全年将接近20亿人次。王健林还斩钉截铁地说,2020年肯定超过100亿人次。所以,第一步万达要跟购物中心做联合体,投钱对其它购物中心进行数字化改造。第二步,做数据中心:掌握消费者的数据,万达就可以对大数据进行运用和分析。事实上,2016年10月份万达的大数据中心就可以投入运营。在王健林的计划里,到2017年年底就比较准掌握全国各地消费者的年龄层次,每一个年龄段的人喜欢什么。第三步:推行轻资产:王健林坦言,因为过去重资产模式通过销售获得现金流再投资广场太慢了,而且房价低的地区万达进不去。现在改为轻资产模式,用别人的人钱投资,产权是别人的,租金绝大部分是别人的,万达则只提供设计、招商、服务等,一下子打开了思路。

第二、互联网＋金融

王健林提到,万达正在筹建金融集团,并且有了一些金融单位,这个金融集团需要跟互联网结合。到2016年底万达将掌握了20万台端口,加上合作伙伴估计到2020年超过100万台收款端口,那个时候可能是云POSS,可能到那时候没有收款,就是一个二维码支付,怎么都有一个收款的端口。

第三、互联网＋旅游

早前,王健林在一次演讲中提到,万达已经成立了自己的旅游控股,他说万达的目标是5年内打造成为全球最大旅游企业,到访人次超过2亿，成为规模最大的企业。现在已经开业有西双版纳、武汉、长白山三个大型的旅游项目。

王健林还对当下的旅游模式发表了意见，在他看来，中国目前还没有出现有目的地线下公司和线上渠道在一起的模式，现在很多旅游网就是纯线上，旅游是纯线下，但是没有目的地，万达正在打造大型的目的地，就是想要把这种线上线下目的地捆绑在一起。

第四、互联网＋影视/电影

王健林表示，万达院线已经成为全球市值最大的影视企业之一，收入增长了40%，并且是连续5年保持基本上40%－50%环比增长。

他还对中国电影市场做了一个预测：2020年有可能做到北美市场的1.5倍，现在看来2017年就会超过北美市场，2016年可能会超过400亿。

那么为何电影市场发展的如此快？其实主要增长大家可能忽略了，是来自于三四线城市，因为一二线城市增长基本上是个位数，一二线市场商业的中心，电影院可投的地方也减少了，大量来自于三四线城市，发展得这么好靠互联网技术。

所以说，目标对于一个企业相当重要，它是企业寻求创新和成长的冲动，是保持永不满足的精神。但不恰当的企业目标，又很可能会成为导致企业失败的原因。为什么同样"目标远大"、"理想远大"，有的企业从成功和巅峰走向优秀，而有些却不能跨过这个"坎"，而走向失败了呢？目标，把企业员工的所有动能凝聚到一个方向，这是企业集合的力量。

企业目标的真正价值

无论你让什么地方的人说出他自己所知道的一种美国软饮料，答案肯定是"可乐"，原因何在？

这样的答案不是因为可乐的味道有多好，也不是因为可乐的广告多有影响力，而是品牌的力量，这种力量来自"可口可乐"这个品牌所制定的目标。

第二次世界大战时期，可口可乐公司树立了国际化的目标，当时的首席执行官罗伯特·伍德拉夫（Robert Woodruff）承诺让战场上的每名美国士兵都能喝上可乐。美国政府在海外建起了近百家可乐装瓶工厂，战时美国士兵饮用的软饮料之中，可口可乐占了95%。第二次世界大战结束后，可口可乐公司得到美国政府的支持，已经具备了在全球发展的能力。

可口可乐极其成功地运用了这次机会。在没有人对美国有多少深入了解的偏远乡村，人们竟将可乐等同于美国。喝可乐即品尝自由，花上几乎人人都能承受得起的价格买一瓶可乐，使身处强权独裁统治之下的人们瞬间就能体味到自由的感觉。

这样，可口可乐的目标就成为了：提供瓶装的自由。

而这个目标绝对是强有力的。战争中的人们一直渴望政治自由，对政治之外的一些事物也同样渴望：牛仔裤，摇滚乐，天主教堂，当然还有可乐。随着德国统一进程的推进，可口可乐公司将其饮料大量运往东欧。

每隔几年，公司都必须重新审视其战略，只有那些幸运的公司才能拥有永久的目标，至少二三十年内不会改变。20世纪90年代的可口可乐公司就属于这种情况。全世界获得自由的人越来越多，可乐就总会出现在庆祝的场合，它变成了一种大众化的香槟。

直到2003年，美国进军伊拉克才使可口可乐的神话告一段落。美国总统顾问宣称，美国军队在伊拉克受到热烈欢迎，人们甚至可以想象可口可乐的装瓶工们将一箱箱运往巴士拉和巴格达的饮料装船的忙碌场景。但接下来发生的事情却事与愿违：美国的国民领袖们对出兵所引发的暴乱始料未及，而且这一次美国的盟国对此也都坐视不理。美国国内打响了论战，出兵解放伊拉克之举被斥为帝国主义者、侵略者和殖民者的勾当。

从那时起，美国便一直背负着这项骂名。在世界各地，人们已经把对美国的敌意迁怒到了它的标志性产品上。如今的可乐代表了什么？这个全球性品牌现在被视为行军途中的给养——对霸权者的给养。喝可乐还是在品尝自由吗？现在许多人，即便是身处叛乱和恐怖主义压迫之下也拒绝喝美国汽水，就因为它不再带给人们自由的滋味。在欧洲，其它一些公司也开始认为可乐的市场份额将会受到这股反美风潮的影响。

可口可乐公司能否找到新的营销战略来应对人们观念的转变？我觉得很难。即便找到，也只是匆忙决定的权宜之计——用以暂时应付现行的政治、军事态势而已。仅仅通过采用新战略，可口可乐公司不可能找到足够有力、足够诱人的新主张以彻底改变其负面形象。

全球性目标已经被可口可乐公司推行了太长时间，现在该到了转变目标的时候了。

回想一下：在可口可乐跻身世界品牌之初，它的卖点之一是饮用安全。即使在当地水质不好的地区，你也尽可放心地饮用可乐——这种饮料绝不会致病。

如今，在许多地区，饮用水问题再度受到关注。这一次，不只是水质污染，缺水现象也日益严重。可口可乐要做的是在海外市场援引它的国内策略——帮助消费者改变其饮用含糖高饮料的习惯，转而向他们销售低糖的"健康型"饮料，如果可能，也要顺便帮助解决当地的缺水和水质污染问题。

简而言之，可口可乐需要转向一个社会救济型的目标：缓解世界各地饮用水紧张的问题。

如果你想让可口可乐公司现在的首席执行官明白这一点，就得向他论证目标的重要性，重复强调目标的主要优势：不是所有公司都有目标——只有能持久发展的公司才有。

目标能让员工发现他所从事工作的价值，并能使他们保持良好的士气和充沛的活力。如果能有效地加以管理，目标同样可以指导员工的工作，引领他们为公司创造竞争优势。

山姆·沃尔顿将服务顾客变成了全体沃尔玛员工的共同目标。通过触动员工与人为善的本性，山姆让员工找到了自己工作的价值。在他的教导下，沃尔玛的员工友善地对待顾客并乐于帮助他们，因此沃尔玛拥有了一批忠实的顾客群，这一点自然也成为了沃尔玛的竞争优势。山姆能成功地做到这些，是因为他身上就体现了那些美好的品德，而且他在每一个转折点都能将这些好品德传达给每一个人。

有人经过一个建筑工地，发现有三个工人在工作。他分别问这三个工人在做什么，三个人各有不同的回答：第一位回答：我在卖力赚钱；第二位回答：我在做最棒的建筑工；第三位回答：我正在盖这个城市最好的大厦。

我们看到，作为企业，只有第三位工人明确了企业的目标。在每个具体企业中，每个员工作为个体都可以有自己的目标，而企业整体也应该有企业的整体目标。在这个整体目标之下，个体的目标必须服从、服务于整体目标，绝对不允许背离整体目标。

为了保持企业一致的前进方向，需要在企业的前方建立具有指引性的目标，使目标成为企业成长中的灯塔。

什么是具有指引性的企业目标呢？我以为，这是个可以支撑企业在相当时间内发展的目标，是个能够在极度艰难困苦中鼓舞员工前进的目标，是一个能够使企业全体人员为之努力并可以达到目标的目标。

2001年的世界500强排名，沃尔玛首次荣登榜首。这个结果他的创始人没有亲眼看到，但他预见到了，因为这是他早已为企业制定的目标。就在沃尔顿病情迅速恶化的情况下，他还为企业规划着发展目标。1992年4月1日，离沃尔顿逝世(是年4月5日)还有最后几天，就在这天，沃尔顿为沃尔玛公司规划出，要在2000年使销售额达到1250亿美元的目标。这个目标像磁石一样，吸引着沃尔玛公司前进。这是沃尔顿留给企业的一座前进中的灯塔，这座灯塔产生了巨大的作用，2001年沃尔玛以2100亿美金的销售额，荣登全球500强榜首。

所有公司都有目标，但真正能够成功的企业是那些有目标并有勇气、敢于迎接巨大挑战的公司。

我们再来看看20世纪60年代美国的登月计划。当时肯尼迪和他的顾问们本可以躲到会议室中，起草一份诸如"让我们再仔细研究一下航天计划"之类的声明，或者其它繁琐的空话。1961年，科学界认为登月计划成功的可能性最多超不过50%，实际上，大多数专家持更悲观的态度。然而，国会支持肯尼迪在1961年5月25日发表的声明，即："这个国家应该不遗余力地为实现这个目标而奋斗，也就是说，争取在这个十年结束之前把一个人送上月球，并让他安全返回。"这意味着要立即拿出5.49亿美元，而且在以后五年中还得花费数十亿美元。考虑到当时的困难，这一大胆的决定太令人震惊了，甚至让人难以接受。然而，正是这一决定使美国摆脱了50年代和艾森豪威尔时期萎靡不振的状况，开始大踏步地前进。

30年后，中国也开始实施自己的太空计划。2003年9月15日，中国载人航天"神舟5号"成功实施载人航天飞行。消息公布，举国欢腾，而第一个中国自己的宇航员杨利伟"一夜成名"，成为中国家喻户晓的英雄。中国首次载人航天的成功，尽管有这样那样的目标，但我们冷静后分析，最大的获益可能是民族精神的增长和航天技术的跃进。至于航天本身，并不一定有什么特别的应用意义。

但登月、航天这种远大明确的目标和计划，会像灯塔一样，把所有人的努力汇聚到一点——从而形成强大的集体主义精神。

企业的目标是同样道理。因为它有一条明确的终点线，因此，公司清楚地知道自己的目标是否已经实现。人们喜欢向着终点线冲刺。

北大管理学教授张维迎认为：任何一个企业的成长，没有一个成长的愿望，没有一个目标，不知道应该干什么，那资源可能就会非常的分散，人心也就不能往一个地方想，这个时候企业就很难办。所以，任何一个(企业)目标都非常重要。更重要的是，一个企业不能仅以一个产值、一个利润、一个市场份额为目标。

捷蓝航空公司也是这样一个例子。在美国，捷蓝是少数几家能为乘客飞行旅途增添乐趣的航空公司之一，部分原因在于每位乘客面前都配有个人电视。宽大的皮制座椅和宽敞的放脚空间也是捷蓝的优势，但使捷蓝真正有别于其它航空公司的独特之处在于：它的员工看上去非常热爱自己的工作，他们真正地乐于为顾客服务。所以当飞行结束时，他们请你帮助清理机舱以便为再次起飞争取时间的时候，你也会欣然同意。这种态度来自哪里？来自于捷蓝的首席执行官和创办人戴维·尼勒曼。他本人就经常不声不响地登上飞机，系上乘务员的围裙，向乘客们宣布："嗨，大家好，我是戴维，捷蓝的首席执行官，今天晚上我将为大家服务，希望在着陆之前能有机会问候你们每一个人。"这样做的道理其实很简单：首席执行官要通过一种超越商业利益的理念来经营公司，他需要将这种理念传达给员工，使员工接受并相信这个理念，并遵照这样的理念来工作。

这种确立目标并激发员工对目标渴望的管理模式在很久以前就得到了认同。1914年，亨利·福特被他自己公司的股东们以不履行信托责任为由告上了法庭。站在证人席上，他为自己有力地辩解说：如果企业不是为了目标而是单纯为了股东牟利而经营的话，那么企业最终会遭受损失。菲利普·塞尔兹尼克（Philip Selznick）于1957年在他的作品中提到"企业组织"（organization）（指实现物质前提的形式）和"企业机构"(institution)（指实现众人理想的形式）的区别，并明确指出领导者的任务就是将企业组织转变为企业机构。1981年理查德·帕斯卡（Richard Pascale）和安东尼·阿索斯（Anthony Athos）提出：成功的日本管理艺术和失败的美国管理方式的区别关键在于：日本人具有远大的"愿景"。

13年后，杰里·波拉斯（Jerry Porras）和吉姆·柯林斯（Jim Collins）在他们的书中做出了结论：美国一些大型企业之所以能一直在同行业中处于领先地位，独特之处在于他们具备强有力的潜在价值观，并且他们所追求的目标高于单纯的牟利。正如他们所说，目标"反映了人们赋予在工作中的重要性"，他们将戴维·帕卡德（David Packard）列为这类成功企业领导者中的佼佼者："盈利，只是一种用以追求更为重要结果的手段。人们聚集到公司里，是为了通力协作以完成个人之力无法完成的目标……他们为社会做出了贡献。"就在2002年，理查德·埃尔斯沃思（Richard Ellsworth）提出了他的论点：要想获得长期的竞争优势，公司高层管理者的目标就必须在于服务顾客，而不是追求利润最大化。所以矛盾之处在于当公司的执行官并不太看重股东利益时，股东们反而获益最多。

不问世事对于修道院来说也许是个很好的目标，但在企业中却是行不通的。想让公司持久发展，管理者们在经营过程中必须以能经得起时间考验的思想为依据。这些思想包括生产优质的产品，提供良好的服务和看重顾客的利益。

在《基业长青》这本具有广泛影响力的书里，作者波拉斯和柯林斯认为：和严格的管理对员工所产生的推动力相比，激励的方式并不太重要。我不赞成这种观点，确立公司的目标就非常重要。诚然，严格地把员工与外界隔离开来，公司能有效地为员工洗脑，也就更容易对其灌输思想。一些宗教组织似乎常采取这样的手段，可能也的确有公司能相对掌控员工的态度，但在当今时代，公司对单个员工的平均雇佣期只有3年，根本没有足够的时间把这种信徒式的效忠作为商业惯例。

成功的目标既能推动公司向前发展，又能帮助公司建立持久的竞争优势。在有力的领导者手中，目标变成了引擎，成为公司活力的源泉。一旦没有了目标，你会马上发现企业失去了活力。目标的缺失通常发生在重大转变时，比如战略环境发生变化、所有权变更或是公司进行重组之时。变更可能会造成种种危机，而为了解决这些危机，公司在一段时间内还能够保持运行，而一旦公司摆脱了这种危急的处境，真正的危险才开始显现。公司如果不能在这一阶段重拾目标，就将陷入停滞不前的境地：以前的一切都不再起作用，先前的体制和奖励已经无法唤起员工的创造性和活力，小组之间不再竞争，人们不是墨守成规就是迷失方向，因为他们也不知道该做些什么。

接下来公司被焦虑情绪所笼罩，员工士气低落，产量下降。领导们都忧心忡忡地忙着安抚公司主顾，然而他们费尽心机重组公司后却发现无法再重振公司当年的雄风。接下来就是领导层解体，最终，公司衰落或被别的公司低价兼并。正如一位客户多年前对我说的那样："破产其实没有那么痛苦，毕竟那只是一个结果，而我最怕的是目睹公司的衰落，因为衰落过程中的痛苦是延绵不绝的。"

当今社会，目标变得比从前更加重要。那些被塞尔兹尼克称之为"实现众人理想"的公司，在当前贪污遍地、丑闻当道、道德岌岌可危的大背景下更显得卓尔不群。根据英国公众生活标准委员会（UK Committee on Standards in Public Life）2004年进行的一项调查显示，大公司的总裁被列入"最不受信任的人"排名，其榜上名次竟在小报记者和房地产代理商之上，但在下院议员之下。2002年美国的一项调查发现：只有26%的公众相信公司能做到诚信经营。2003年世界经济论坛的一篇报告表明：在过去的两年里，所有被调查国家的公众对公司的信任度都大幅度下降。在这之后，由于诸多原因，公司的诚信越来越遭到人们的质疑，资本主义在20世纪90年代末期所经历的风光早已成为过去。

不过人们对目标的兴趣在增长，而且对目标的追求也并不只是一阵短暂的风潮，或是单纯对新千年道德危机的反映。商业的不确定性让人们渴望能有所信仰，想寻求一些不受世风影响的行为准则，尤其当这种不确定性表现为人员的频繁解雇和管理层的不停变更时，人们更需要目标作为支持。ABB公司的前首席执行官、瑞士-瑞典的工业巨头戈兰·林达尔（Goran Lindahl）曾经一语中的："到最后，管理者们忠于的并不是某个老板或是某家公司，而是他们的信仰，还有带给他们满足感的一系列价值观。"

在这个充满了变化的时代里，共同的目标能帮助员工找到落脚点，帮助他们找到值得自己坚持的东西。这样，人们才能更从容地面对各种不稳定因素。在21世纪，目标充当的角色类似于20世纪的工作忠诚感。过去，追求短期利益的执行官们一般都不愿意接受改革带来的风险，然而，在这个处处革新的时代里，目标允许执行官们去冒这样的风险。

目标是绝佳的宣传辞令，这一点大概没人会反对，但是，一个有效的目标还要包含许多辞令之外的东西。目标要推动企业战略的发展，促使管理者修改决策，更重要的是，它要能激励员工，并为包括领导层在内的公司各个阶层注入活力。一个目标要想发挥出这样的关键作用，其中必须涉及到道德层面。

在字典里，道德和行为准则是同义词，两个词都是要将正确行为和错误行为相区别，但在现实中，它们各自具有不同的含义。今天，行为准则主要指日常的行为规范：人们大多在"规范"被违背的时候才会想到它。比如说，公司的所作所为就经常被指责为"违背准则"，却很少有人理解所谓"行为准则"的本质是什么。相反，"道德"专指正确的行为标准，所以道德规范是判断一种行为能否为人所接受的依据。由于世界各地的人们都用截然不同的标准来诠释道德，很难说哪种标准是绝对正确的，而我也不想在本书中讨论这个问题，但我想指出的是：相较于其它，有些道德标准能辅助领导者们更有效地领会目标的含义。

这些有效的道德标准之间具有一致性，它们相互之间并不矛盾，而且，它们紧密关联。领导者在作决策时可以参照这些标准，它们符合感性，能时刻提醒我们何谓正确，何谓有价值。这样，它们在人们心中激发出了责任感。

请注意，"道德"并不一定意味着"利他"。许多道德观念都和"为他人服务"无关，甚至不涉及"己所不欲，勿施于人"的思想。道德观念只关注某些有效行为的特殊价值，而其它行为的价值则是次要的。道德目标为人生的追求或企业发展历程中的行动确定了价值取向，最终只有道德制约下的目标才能推动公司的发展，因为归根结底，成功是一个道德问题：我们必须在决策过程中持续、规律地侧重于某些符合道德的行为，才有可能成功。

道德观念属于个人范畴。领导者为其企业或组织设立某种特定目标，有可能出于多种不同的道德原因，事实上可供选择的并不仅限于本书所讲的这四种核心目标。我们知道，还有许许多多其它目标可供参考，但这四种目标却是至今为止最富成果的。当然，不同类型的人会被不同类型的目标所吸引，也会相应地偏爱体现该种目标的工作氛围。请对照下面这些描述，找出符合自己的目标。

第三章
确立企业愿景

伟大的公司之所以伟大,是因为它们能够看到别人看不到的东西,将洞察力与策略相结合,描绘出独一无二的公司愿景。愿景是组织的灵魂,没有愿景,组织就没有未来,没有成功的愿景,组织就不会有持久的、旺盛的生命力。愿景是组织文化的主体,它不只是口号、概念,它更是贯穿于组织每个角落、每个环节的组织精神。愿景影响着人,从而影响组织的风尚、活力甚至影响到管理、经营的成效……

愿景是最重要的吗

在中国企业的成长过程中，除了一个企业发展所需要的环境之外，我们不妨来问一个问题：在微观环境中，什么是最重要的？或者谁是最重要的？对于这个两个问题，大多数人或许会说："人是最重要的。"有的也许会说："资金、市场与技术是最重要的。"

这些回答，是正确，还是有缺陷？为此问题，有的专家指出，成功企业极其重要的因素之一是拥有共同愿景(shared vision)。愿景可指出企业的生存领域，指出企业未来一段时间应该成为什么样的企业，它能促使企业资源产生整体感并对未来的前程达成共识，如果说愿景是团队行动的精神和动力，则目标即是具体的步骤及方向，是愿景实现的途径和方法。然而，空有共同愿景或只是明白写出"愿景宣言"是没有用的，能够依据愿景订出确实的团队执行目标及策略，才能使团队朝向实践共同愿景迈进。

那么，究竟什么是公司愿景？简单地说，就是一种描述组织目的、使命和未来理想状态的浓缩的"企业蓝图"。她虽然不可能对组织所追求的经营形态和组织体制进行系统而详细的描述和设计，但却可以为在"黑暗"中探索的企业送来一束"微光"，为企业确定一种虽然是萌芽时期但却"健康"的未来组织形态，为企业战略确定某些重要的开端和主要的方向，集中企业决策中的某些关键的意图和思路，从而可以引导企业战略沿着一条正确的方向不断前进。

企业就像一艘船，愿景是航标。企业愿景表达了企业的志向和理想，是企业经营发展的内在驱动力，也是企业持续成长的引擎。企业愿景告诉人们"企业是什么"，企业将做成什么样子，是对企业未来发展的一种期望和描述。一个美好的愿景能够激发人们发自内心的感召力量，激发人们强大的凝聚力和向心力。中国石化以"建设具有较强国际竞争力的跨国能源化工公司"作为企业愿景，昭示公司当前和未来的战略目标，将激励全公司上下为企业愿景的早日实现凝心聚力，不懈奋斗。

当前，市场竞争日益激烈，不确定因素日益增多，经营形势日益严峻。中国石化企业愿景的确立，恰如一盏灯塔，给在惊涛骇浪中破浪前行的中国石化指明了前进的方向，也更加坚定我们应对各种危机和风险、战胜各种困难，矢志不移谋发展的信心和决心。

企业愿景不仅能够激励和凝聚企业员工的积极性和创造性，也能够增进投资者对中国石化的信心。要充分发挥各类传媒的舆论引导作用，让社会大众、利益相关各方了解中国石化的前景和未来，从而帮助和支持中国石化事业，促进中国石化持续有效和谐发展。

企业愿景令人神往，但愿景的实现需要我们从现在开始从点滴入手，按照集团公司既有的战略部署，循序渐进，扎实推进各项工作，高质量落实各项任务。通过不懈努力，使公司的产业结构、资产结构更加合理，主业经营规模、赢利能力、创新能力明显提升，国际化程度明显提高，人才队伍结构合理、素质优良，企业凝聚力、竞争力明显增强，跻身世界能源化工公司前列。

为实现企业愿景，全公司上下必须齐心协力，共谋发展。按照做强做大主业、突出核心业务、提升核心竞争力和可持续发展的要求，加强国内勘探开发，努力打造上游"长板"；统筹内涵和外延发展，努力巩固和扩大炼油化工竞争优势；完善产品营销网络，努力增强市场竞争力和影响力；充分发挥集团化优势，努力做强做大工程技术服务；推进国际化经营，努力拓宽发展空间；加强科技创新，努力提高自主创新能力；加强管理创新，努力提高企业管理水平；加强队伍建设，努力造就一流人才队伍。

"愿"字上面是个"原"，下面是个"心"，也就是说，原来这是我的心，是我内心深处的一种愿望、一种期盼。

1776年，现代经济理论奠基人亚当·斯密提出了著名的"斯密难题"：如何让一家企业在股东和代理人之间达成平衡？近250年后，马云给出自己的答案：靠谱的接班人、好制度、伟大的企业文化。

互联网公司投资周期长，竞争激烈，对人才的渴求远超传统行业，这注定了他们必须改造和资本市场之间的关系。阿里巴巴董事会主席马云在来往发帖——保证创始人利益，让公司基业长青，不依赖多数股权或者至高的权威，而是靠谱接班人人、透明开放有效的制度和健康积极的文化三者结合。

阿里巴巴集团上市将是现代商业史上最大规模的IPO之一，马云也已经成为中国互联网创业的标杆性人物。直面资本市场，他能理解一些创始人害怕失去控制权的不安全感，"越成功的创始老板会越来越有莫名的担心。"但马云提示创业者不要陷入两个大误区：总认为自己最爱最了解这家公司；觉得只有通过控制股份才能控制公司的决定权。

"顽固，自大，一意孤行是创始人的通病。"见证了中国互联网

15年商业史的马云，对"成也创始人，败也创始人"的悲喜故事，大概比任何人都看得多。马云和阿里巴巴生存了下来，如果要强调控制权，他或许比别人更有资本。但在双重股权流行的美国市场，马云和他的小伙伴们依旧选择了合伙人制度，为什么？

从某种意义上，马云在来往扎堆这番话为阿里巴巴合伙人制度做了完整注释。在招股书中披露，阿里巴巴合伙人目前由28位体现、促进公司文化的管理层成员组成。从"湖畔合伙人"发展而来的阿里巴巴合伙人，首先确立了一群合伙人共同管理公司的原则，而不是创始人利用双重股权的绝对投票权独掌公司。这是马云口中的"靠谱接班人"。

但就像马云说的，没有人是完美的，需要制度保障。招股书中强调，阿里巴巴合伙是人动态机制，这个团队每年吸收新的成员，由合伙人提名，共同投票决定是否入选，合伙人必须持有公司一定的股份。此前阿里集团参谋长曾鸣曾经表示，合伙人将可能达到百人以上，未来有可能有300人。合伙人具有提名多数董事的权力，但人选仍旧需要通过股东大会的同意。这种股东大会——董事会——合伙人之间的互动关系。在商业周期不断缩短的"反脆弱"时代，这种框架力求一家企业在持久发展、快速决策和维护股东利益达成最佳平衡。

企业文化和价值观是阿里实现基业长青的第三个块基石。"我们的使命是让天下没有难做的生意"——这是阿里长达300多页招股书的第一句话，很少有公司会把使命和愿景放在这样的位置。彭博社TMT新闻总监彼得·埃斯特罗姆注意到，阿里巴巴在招股书中提到了100多次生态系统。在一个商业基础设施不完善、互信不足的国家，支撑起一个完善商业生态，没有文化支撑而偏重短期利益，很难实现。这超越流量大小、用户多少等商业指标存在的体系，正如美国基金管理人埃里克·杰克逊所说的，"阿里巴巴的生态系统完全不同于中国其它互联网公司，这次IPO如同十年前的谷歌。"

彭博社评论，阿里巴巴合伙人制度，是在双重股权和传统结构之间探索中间地带，而推动这种探索走向正确方向的，是马云在扎堆中谈论的接班人、制度和文化。马云能不能成功？资本市场会给出一个最有力的回答。

从上述案例可以看出，如果没有共同愿景，那么成功的梦想不仅不会产生，连真正遵从的行为也不可能。投入是一种选择成为某个事物一部分的过程。明确的共同愿景，才能使全体成员愿意遵从、投入并作出奉献。

如果没有愿景，企业组织在风云变幻的商业形势中很难真正具有永续经营的能力。有效的公司愿景对于公司战略具有重要的作用和意义，可以有力地抵御风浪，引导企业战略健康发展。例如，为企业战略确定某些重要的开端和主要方向，集中企业决策中的某些关键的意图和思路，促进企业战略各个阶段中保持连续发展。正如海曼和普拉海拉德在《为未来而竞争》一书中所说的，一种值得公司追求的愿景能在根本上改变某个产业的惯例或竞争规则，重新划分产业之间的界线，或者开创新的竞争空间。

只有内在的动力才能成就超常的结果。那么，一个组织的内在动力来自哪里？来自组织的使命感和共同愿景。因此，库泽斯、波斯纳在《领导力》一书中指出："领导者必须创造条件，让每个人做事是因为他想做事，而不是因为他不得不做事。领导的一项最重要的活动，就是通过描绘一个令人激动的愿景，赋予生活和工作以意义和目的。"

拥有自己的愿景

企业一旦有了良好的员工素质，并提供明确易懂的企业行为准则，则建立一个良好的企业文化就有了一个必需的基础。拿一个军队准备作战来做比喻，有了这两点做基础，就像你有了素质良好的士兵，并为他们提供了作战的指南和所需的武器。但是如果你要使你的军队成为一支勇猛的队伍，光有这两点还是不够的：一支军队必须还要有一个崇高的理想和明确的战略目的，让它的士兵们都知道这个理想是什么，愿意为实现这个理想，达到战略目的去奋斗和献身，才能使这支军队保持常胜或战无不胜。也就是说，这个军队的将帅必须要有一个理想的旗帜去建立统一的军心，才能使这个军队有其必胜的精神。企业管理也是一样，只有有了一个可以"统一军心"的理想，才能使整个企业齐心为之奋斗。

这个统一企业员工人心的理想就是一个企业的愿景（Vision），或者也叫企业的宗旨。它是一个企业的最终目的，是一个企业存在的理由。它可以说是指导企业行为准则的一个指路明灯。没有它，企业的市场战略和行为准则就会变得空虚，就像一个缺乏理想和精神的军队。

什么是愿景呢？企业愿景又译为企业远景，简称愿景（Vision），或译做远景、远见，在20世纪90年代盛行一时。所谓愿景，由组织内部的成员所制订，借由团队讨论，获得组织一致的共识，形成大家愿意全力以赴的未来方向。所谓愿景管理，就是结合个人价值观与组织目的，透过开发愿景、瞄准愿景、落实愿景的三部曲，建立团队，迈向组织成功，促使组织力量极大化发挥。

吉姆·柯林斯（Jim Collins）和杰里·波拉斯曾经将企业划分为两种类型。

第一种类型是明确企业愿景，并成功地将它扎根于员工之中的企业。这些企业大多是排位世界首位的受尊重的企业。

第二种类型是认为只要提高销售额即万事大吉，而没有明确的经营理念或企业愿景，或企业愿景没有扩散到企业。这些企业绝不可能居世界首位，只有企业全体员工共同拥有企业愿景，则这个企业就有了成长为优良企业的基础。

对于一个有着大愿景的小企业家来说，内因推动建立一个著名企业的愿望，与外因推动的按照社会定义来说是成功企业的愿望，两者之间会产生激烈的冲突：能引诱我们迈上错误道路的是金色胡萝卜，但是在这条道路上我们可能会发现闪闪发光的黄金只不过是一片薄薄的、涂着颜料的金属包装纸。

如果认真考虑"发展"对一家企业及其业主意味着什么，那么你或许会理解与大企业相比，小企业有哪些优点和缺点。这一点看起来似乎很明显，但是当面临着外部压力需要增加人员、提高收入、扩大产品规模或者场地面积的时候，企业主却常常忽视对这方面的考虑，这总是让人很吃惊。

愿景形成后，组织负责人应对内部成员做简单、扼要且明确的陈述，以激发内部士气，并应落实为组织目标和行动方案，具体推动。

一般而言，企业愿景大都具有前瞻性的计划或开创性的目标，作为企业发展的指引方针。在西方的管理论著中，许多杰出的企业大多具有一个特点，就是强调企业愿景的重要性，因为唯有借重愿景，才能有效的培育与鼓舞组织内部所有人，激发个人潜能，激励员工竭尽所能，增加组织生产力，达到顾客满意度的目标。

微软公司存在的最早期就将这个企业的愿景作为一个重要的理念向公司员工灌输。在以后的三十多年的历史中，通过不断的宣传，微软公司的愿景不仅为公司的所有员工熟悉，在整个业界也知名，成为微软企业文化的一个独特的亮点。

在三十多年的发展历史中，微软的企业愿景也随着公司业务的发展而变化。它经历了这三个阶段的变化：

（1）在公司的最早期，当微型计算机革命才刚刚开始时，通过软件的开发来推动计算机的普及是公司的最终目标，这也是公司的创始人比尔·盖茨在公司刚创建公司时的理想。所以，微软的最早的企业愿景阐述（Vision Statement），从1975–1999年是：让每台桌上、每个家里都有一台个人计算机。

在这个愿景的激励下，公司的产品开发努力都是为了达到这个理想：通过为计算机提供廉价和易用的窗体顶端窗体底端操作系统及大量的应用软件，来帮助推动微型计算机（Microcomputer）、也叫个人计算机（Personal Computer，PC）的普及。微软公司与业界的其它软件公司经过近三十年的努力，可以说是基本达到了这一理想。

（2）随着公司业务的发展，微软的产品开始发展到了普通的桌面个人计算机（Desktop PC）的范围之外了。微软也开始意识到，在那些超出桌面计算机范围之外的市场具有更大的发展空间，例如像专门为移动电话、掌上电脑、嵌入式设备等产品所开发的软件，还有像为游戏平台等其它非传统性的计算机设备所开发的软件等，所有这些都应该是公司的产品开发方向。在这个观念和商业需要的影响下，在1999年，微软将公司的企业愿景阐述改变成：在任何时候，任何地方，于任何设备上，提供能够为人类发挥最大潜力的优秀软件。

这个所谓的"任何设备"就是强调，微软所要开发的软件应该不再仅仅局限于桌面计算机的应用，而需要包括其它各种设备。这个愿景又与比尔·盖茨在很多年前所讲过的另一个理想所吻合：人类对信息的使用应该可以是在任何时候和任何地方、可以是在你的手指尖。在这个更新了的企业愿景的激励下，微软在过去的十年中在那些非传统性计算机的软件开发上作了巨大的投资和努力，开发了很多这方面的新产品，例如像面向移动电话和掌上电脑的WindowsCE操作系统、游戏平台产品Xbox等。这是一个企业愿景推动商业行为的很好的实例。

（3）现在，随着信息技术的进一步发展和广泛的使用，软件的功能和作用已经与人类社会中几乎所有方面都不可分割，因此微软作为一个软件公司的努力方向也不再是简单地开发孤立的软件技术或仅仅为某些设备作为开发的方向，而是应该考虑如何进一步推动软件对整个社会和文明发展的作用。所以，在2002年，微软将自己的企业愿景做了更进一步的更新，使得现在的企业愿景阐述成为：帮助全世界的个人和企业充分发挥他们最大的潜力。

这个最新的企业愿景旨在推动公司的全体员工将自己工作的意义做更进一步的提高，将个人工作的努力与发挥人类的潜力这个宏伟的目标联系起来。这个企业愿景阐述可以说是更加理想化，通过超出仅仅是开发软件的局限，将公司的作用和努力方向升华到了一个更高的理想境界。这样的企业愿景无疑会给员工们的工作努力增加自豪感，提升工作动力。

从微软企业愿景的变化历史可以学到一些在建立企业文化上值得借鉴的东西，如：

企业愿景应该是一个充满理想、可以给人带来憧憬和向往的宗旨，这样企业可以用它来鼓励人心、激发企业员工的激情。平淡无味或空洞的企业宗旨是无法起到鼓动和统一军心的作用的，只会被人视而不见。

企业愿景不见得是一成不变的。有效的企业愿景应该根据市场的变化和企业商业战略的变化做适当的符合历史需要改变，这样可以推动企业自身做符合市场竞争需要的改变。

用短小精悍的语句进行企业愿景的阐述，目的是要使企业愿景容易被员工理解、容易记得住。太长或太复杂的愿景阐述容易被员工们忽视。

你的企业是否有自己明确的愿景阐述？有的话是否具备以上这些特点？你们的员工们都理解并能记得住？要是没有，你也许应该给你们的领导一个提示。

企业哲学中的愿景

在美国的战略理论界，多数专家非常明确地将愿景与使命区分为目标陈述与任务陈述，但也有的将两者统称为目标陈述，有的将两者统称为使命陈述。中国的企业以及管理学界在此方面的陈述可谓是五花八门，有的将愿景当作使命，有的将使命当作愿景，有的用经营宗旨的叫法，有的叫做经营目标，甚至很多企业直接用价值观或者经营理念来概括。这充分说明目前中国引进西方管理理论的混乱局面，同时也反映许多中国企业尚处于企业发展的初级阶段，缺乏对于企业存在理由、意义或者价值等企业哲学高度上的思考。

这里我们要指出，无论中外，均缺乏一个真正明确地从哲学意义上解决这个问题的说法。圣吉的学习型组织中的共同愿景已经有了初步的探索，但过于感性及模糊化；马克·利普顿的愿景领导理论虽然清晰地将愿景与使命进行区别，但其却认为有效愿景应当包括存在的理由、战略、价值观三大内核原则，把愿景与价值观、战略统括在一起。

让我们暂时抛开功利的经济学而以管理学的视角来看待企业，我们将发现人的存在哲学与企业的存在哲学是如此之统一协同。人生哲学无非围绕人存在的价值、存在的目标以及如何活着更有意义；企业同样如此，高瞻远瞩的企业无不需要时常审视自身存在是为了什么、存在的价值是什么以及如何存在。愿景就是告诉人们"企业是什么"，告诉人们企业将做成什么样子，是对企业未来发展的一种期望和描述。只有清晰地描述企业的愿景，员工、社会、投资者和合作伙伴才能对企业有更为清晰的认识。一个美好的愿景能够激发人们发自内心的感召力量，激发人们强大的凝聚力和向心力。

在互联网+时代，不仅仅是连接，而且还要联合和创新。能够通用的要通用，能够免费的要免费，能够共享的要共享，能够个性化的要个性化，能够开放的要开放，能够转化的要转化。所有一切的变化，都要围绕用户的核心需求而变；所有的一切价值创造，都要满足和保证用户核心利益为先决条件。在此前提下，外部对手将不仅仅扮演竞争对手的角色，很可能成为协同合作伙伴；内部联盟伙伴，不应该做过多博弈，不应成为消耗利润的柱虫，而要有各自的贡献，都要在增量和价值创造上把文章做好。总之，所有的商业业态，都要在用户价值链上做贡献，有贡献才有价值，没有贡献自然就没有空间。

总之，在这个全新的时代，一切资源和机会都应该是开放的，而且我们要通过共赢共享的机制让资源和机会实现最佳匹配，打破过往的陈规和厚重的围墙。任何人或商业组织，如果只盯着现有的资源，或者不让自己掌握的资源有效流通，甚至宁愿自己不用或用不好也不给别人用，那么，它将在这个时代逐渐萎缩，直接被时代抛弃。

对于一个公司来讲，其内部要具有不断创新的能力和凝聚力，其外部则要表现出强壮和威力，否则，公司将随时面临被瓦解和崩溃的危险，而其管理的重点也只能是对于新产品、市场份额及销售额的一味关注。而更重要的是，公司应该时时刻刻提醒自己明确其存在的目的以及在未来的五年将要完成的使命，也就是愿景的规划。

公司如果没有一个共同愿景，经营管理很容易在一大堆项目的混乱选择中消失，各部门间的变革因为没有人知道变革将会带领公司走向何方而感到茫然。同时，在公司发展阶段中也应有一个主题和前景让员工参与描绘。因此，用愿景激发员工的欲望，这是经营管理必不可少的一环，更是人力资源管理着力的内容，愿景成为每个员工心头的帆，带领他们不断前行。

经过长期的实践研究，我发现优秀公司成长的背后，总有一股经久不衰的推动力——公司愿景激励着这些公司不断向前。让我们看看这些世界级的大公司的愿景是什么。

苹果公司——让每人拥有一台计算机。

腾讯——成为最受尊敬的互联网公司。

索尼公司——成为最知名的公司改变日本产品在世界上的劣质形象。

毕博公司——为顾客创造真实持久的价值，为员工创造发展的机会，为我们的投资者创造长期的价值，成为全球最具影响力、最受尊敬的商业咨询和系统集成公司。

AT&T公司——建立全球电话服务网。

华为公司——丰富人们的沟通和生活。

迪斯尼公司——成为全球的超级娱乐公司。

戴尔计算机公司——在市场份额、股东回报和客户满意度三个方面成为世界领先的基于开放标准的计算机公司。

鹰腾咨询——具有专业品质和职业精神的全球化专业智囊机构。

联想公司——未来的联想应该是高科技的联想、服务的联想、国际化的联想。

一般来讲，公司的愿景通常包含四个方面的内容：

1. 使整个人类社会受惠受益

例如，有些公司的愿景就表达出公司的存在就是要为社会创造某种价值。

2. 实现公司的繁荣昌盛

例如，美国航空公司提出要做"全球的领导者"，这就是谋求公司的繁荣昌盛。

3. 员工能够敬业乐业

例如中国惠普公司的"以人为本"的管理。

4. 使客户心满意足

客户满意是最基础的愿景，因为客户是公司成功最重要的因素，如果客户对公司的愿景不能认同，那么愿景也就失去了意义。

在这个快速变化，甚至是加速变化的时代，很难知道事情会朝着什么方向前进。如果你想白手起家创办一家新公司，就像我曾经白手起家三次一样，你可能会今天从风险投资者那里听到一个发展趋势，明天又听到另外一个发展趋势。如果你正在经营一家公众持股公司，你可能会今天从华尔街得到一个消息，明天又是另外一个消息。你公司的董事会或是理事会也许会被一个接一个的会议、一条接一条的新闻或是一个接一个的专家弄得不知该何去何从。

可是，如果你研究一下那些大型的、历史悠久的企业，你就会发现有大量的证据表明，我们应该坚持自己的做法，不要轻易放弃。如果你选择的道路是基于一个可靠的思路，能够反映你对人们的理解、对发展趋势的把握、对地理位置的了解，那么随着时间的推移，这条道路应该会很好地为你服务。你对自己的愿景充满了信心，而这份信心源自于你对下面这些关键因素的了解，你知道自己擅长什么，知道哪些因素对你是重要的、知道该如何去经营企业，然后你不畏艰难地坚持着自己的愿景，不管是在繁荣时期还是在萧条时期，不管是在顺利的时候还是在困难的时候。

愿景是战略与文化的交集

公司愿景是公司长远发展的方向和目标，那么，公司愿景和公司战略有什么区别或者联系呢？

公司战略就是关于公司作为整体该如何运行的根本指导思想，它是对处于动态变化的内外部环境之中公司的当前及未来将如何行动的一种总体表述。

公司战略所要回答的核心问题就是公司存在的理由是什么，也就是公司为什么能够从外部得到回报并生存下去。也就是说，公司存在理由是公司战略的核心问题，做战略首先要回答三个问题：公司的业务是什么？公司的业务应该是什么？为什么？这事实上是在回答公司核心业务、新兴业务、种子业务三层面业务的问题。因此，公司战略最重要的是方向。这个方向长远的看是愿景，短期的看是战略目标。

愿景是战略与文化的交叉，并且首先体现于战略，愿景制定之后，战略将围绕愿景制定阶段战略指标体系、年度经营计划以及相辅相成的关键业绩考核系统。因此战略的思维应当是复杂问题简单化，这个简单化过程就是愿景的澄清、梳理、提炼的过程。

当亨利·福特在100年前说他的愿景是"使每一个人都拥有一辆汽车时"，你会认为他神经病，但现在的美国社会，他的梦想已经完全实现，那我们又如何理解在100年前有一个疯子曾经说过这样的话呢？

这种梦想通常会使人感到不可思议，但又会不由自主地被它的力量所感染。因此，如果愿景是一种立即就被人所能把握实现的目标，那它充其量只能说是一个战略目标,而不是我们所说的愿景。

目前我国在市场经济的环境中,有四个不同层次的公司:第一个层次是剥削型的,处于资本的原始积累阶段,为了老板(及家族)的个人利益,公司不择手段地剥削员工,很多以加工制造型公司为主的地区并不少见;第二个层次是自私型的,公司发展到一定阶段,就开始考虑把好员工留住,因为好员工能帮助公司赚钱,即使是为了老板自己的利益,也要把一些员工哄好,尽管出发点还是自私的,但是员工总算感受到了老板的一些"善意";第三个层次是互利型的,公司成长到一定阶段,逐渐得到了社会的认同,得到了政府的认同,老板开始有点安全感了。这时候他们才可能从长计议,考虑战略问题,考虑建立一种相对公平的利益分配机制,让大家一起分享公司的成功,分享利益,为公司的可持续发展奠定基础。所以很多公司开始搞期权,搞员工持股;第四个层次是回馈型的,公司发展到相对成熟的阶段,老板的生活已经稳定在富裕阶段很多年,并得到了很多荣誉与业界的认同,公司老板在当地也获得了社会地位,这时候人生进入追求自我实现的最高境界,他们开始考虑如何回馈社会,回馈员工。

马云在网络泡沫剧增的2001年,不放弃理想,用身心扛住了破产命运的到来,灌输给阿里巴巴网站的所有员工一个坚定信念,我们一定会赢,我们一定会重新站起来,我们一定会取得这场战役的胜利。员工在极度艰苦的条件下,依稀看到了公司愿景与行业愿景,有半年的时间大家连一分钱都没有开,这就是信念这种动力在支撑员工努力工作,也恰恰是公司的这个愿景目标挽救了整个公司。留下来的人是聪明的,他们的明天也会更加地辉煌。

关于战略与愿景孰先孰后的问题是公司文化研究的应有之义,

我们认为，不应当将战略与愿景一刀切断，两者是密不可分的协同系统，战略最重要的是要解决走对方向走正确的路以及如何走的问题，愿景则是要解决为找对方向以及如何实现上下同欲的哲学之道和精神激励，要统一来看，要统一来做。愿景和战略最重要的就是方向，没有方向的任何愿景和战略都将最终归于无效。不能空喊我们一定要团结，一定要增加凝聚力，但是公司到底要往哪里走，该往哪里走都没有解决，员工有力气也没地方使。在这里愿景就是战略与文化的联结点，它给了战略与文化一个明确的方向，一个光荣的梦想。

正如海曼和普拉海拉德在《为未来而竞争》一书中所说的，一种值得公司追求的愿景能在根本上改变某个产业的惯例或竞争规则，重新划分产业之间的界线，或者开创新的竞争空间。

我们知道，愿景也可以说是一种描述组织目的、使命和未来理想状态的浓缩的"公司蓝图"，愿景虽然不可能对组织所追求的经营形态和组织体制进行系统而详细的描述和设计，却可以为在"黑暗"中探索的公司送来一束"光明"，为公司确定一种虽然是萌芽时期却是健康的未来组织形态，为公司战略确定某些重要的开端和主要的方向，从而可以引导公司战略沿着一条正确的"路线"不断前进。

日本松下电器的创始人松下幸之助曾经讲到，中层经理一旦进入松下，就会被告知松下未来20年的愿景是什么。愿景的力量应该是在于它是处于可实现而又不可实现的模糊状态，它既是宏伟的又是激动人心的。首先告诉他松下是一个有愿景的公司；其次，给这些人以信心；第三，使他们能够根据整个公司未来的发展，制定自己的生涯规划，使个人生涯规划立足于公司的发展愿景。

一个公司有愿景，员工就会追随它，而且员工也不会迷失方向，愿景成为员工行为的一种指导。

愿景的力量应该是在于它是处于可实现而又不可实现的模糊状态，它既是宏伟的又是激动人心的。所以有的企业家跟我们说愿景不可能实现时，我们会问他，假如愿景是那么轻易就可以实现的话，那愿景又怎么会激动人心呢？

因此公司要关注的是公司的愿景是否能经常让你热血沸腾，甚至热泪盈眶，能否经常让你为它彻夜难眠，能否让你有一种热情、一股冲动，想将它与员工分享。有了这样的愿景，员工就有了带领他远航的帆，就能跟随公司，不断创新，一路前行。

现阶段，不是所有公司都会谈愿景和战略，在这样几种类型的公司中，我认为，至少要达到第三个层次和阶段，公司才具备谈论愿景的部分条件，而在前两个层次是根本不可能的。其实，在中国公司发展的现阶段，多数公司还处于我前面说的第一和第二阶段，这时候谈论愿景，似乎过于"务虚"。正因为如此，有愿景的公司就显得难能可贵，如果一个公司有真正的愿景，自然就不会出现三鹿这样的问题，如果一个公司真正有愿景，就不会为了发展速度而放弃公司的道德底线，因为追逐金钱是没有底线的，而追求受人尊敬是永恒的。当然拜金主义的流行也与媒体的误导有关，因为绝大多数媒体的评比（除了最受人尊敬的公司和年度雇主以外）都是看公司的经营业绩。在中国，不管公司采用什么手段，只要赚到了钱，就是好样的。不管是卖假药的，还是忽悠人的，是官商勾结的，还是贪污腐败的，只要有了钱，就会成为媒体追捧的对象，成为名人，所以才出现了"吨位决定地位"这样一种奇怪的现象。人们为了有地位，只好超速成长，甚至不惜一切代价违背自然规律去盲目扩张，直到东窗事发。

很多公司发展到今天，已经完成了资本的原始积累，但是大多数仍停留在市场经济的初级阶段，在这个阶段大家关注的就是如何扩大规模，如何赚钱。什么为客户创造价值，以市场为导向，帮助客户解决问题等，更像是一些漂亮的口号而已。我们缺少愿意做冠军的公司，缺少耐得住寂寞的公司。这几年来，我曾经为几十家中等规模的民营公司做咨询、做战略，这些公司因为有远大的理想和追求而愿意静下心来做战略，按照国际大公司的科学管理体系把公司未来的发展道路设计好。这些公司做了大多数公司不肯做的一项工作，就是打地基，这样做需要有远见，需要有愿景。尽管愿景不会解决大家今天面对的金融危机，但是愿景却可以让大家的心态平和下来，学会往远处看。我坚信这些公司早晚有一天会成为令人尊敬的公司，会取得更稳固的成功，因为他们有理想，有追求，只可惜这样的公司在中国少得可怜。

我们在引进西方的管理理念时一定要清楚前提条件和边界条件，不要随便照抄，更不要赶时髦，很多事情都该做，但是不同层次的公司做这些事情的顺序不同，违背了这些规律就会出问题。尽管愿景不会解决大家今天面对的金融危机，但是愿景却可以让大家的心态平和下来，学会往远处看。要知道：昨天的选择导致了今天的结果，而今天的选择将导致明天的结果。没有远虑，必有近忧！

共启企业愿景

彼得·圣吉在《第五项修炼》中提出了一个新概念："共同愿景"。"愿景"一词的原意是"公担共享的景象"。圣吉定义的共同愿景为一种共同的愿望、理想、远景或目标，并且表现为具体生动的心理图像。是指组织成员共同的愿望的一种具体状态或一种景象。与这一概念相似的是"理想"，但与理想不同。人们一谈到理想，总是指未来的理想，是一种抽象的概念。诸如我有一个美好的理想；这人干得不错，但成绩还是不理想等等。理想成了一个人想象中的东西，而不是客观现实本身。"愿景"是客观、现实与具体的。诸如，我能把这件事做成什么样子；我可以进入什么状态；我乐于这样去做，以实现某种结果等等。共同愿景就是大家都愿意获得某种结果或进入某种状态，大家都竭力避免某种结果与状态的出现。并且，大家都明白这是一种什么结果或状态，这种结果与状态对每个人意味着什么等等。这种共同愿景开始只是某个组织成员的想法，只是某个人的现实感受。随着共同的经历与磨难，这种个别人的感觉逐渐强化起来，并传播开来，形成共同的感受。彼此感悟到只有这样去做，才能出现某种结果与状态，才是我们所真正所需要的，于是有了共同愿景。

20世纪60年代，一位美国外科整容医生发现了"自我意象"的作用，并创造了一门"自我意象心理学"（马克斯威尔·马尔兹《你的潜能》，工人出版社1987年10月第1版）。他的研究证明，人的心理上或精神上的观念，或者说他的自我图像，是左右个性和行为的真正关键。自我意象决定着每个人的成就的界限。人的大脑和神经系统都是根据控制论的原则，有目的地运转的。就功能来讲，大脑和神经系统构成奇特而复杂的"目标追求机制"，它是一种内在的自动导向系统。自我意象是一个前提，一个根据，或者一个基础，人的全部个性、行为都建立在这个基础之上。从有机生命体的企业观来看，这一个体心理学原理也基本适用于一个企业组织。据此，可以发展出一套精神控制技术，为企业创造一个共有的未来景象，一个全体成员共有的目标、价值观和使命。有了衷心渴望实现的目标，大家会自觉的努力工作，追求卓越，不是因为被要求这样做，而是衷心的想要这样做。一个建立起了共同愿景的企业组织，其成员会主动而真诚地奉献和投入，而非被动的遵从，这样的组织才是真正的生命有机体，而非乌合之众。

建立共同愿景的方法从协同学理论中能找到部分答案，用协同学的观点来看，共同愿景不过是多项参量逐步归并的过程，是"序参量"逐步形成的过程，在这个过程中，组织中的个人愿景、团队愿景，就像从散射光变成激光那样，指向相同的方向，产生无限的威力。这种共同愿景开始只是某个组织成员的想法，只是某个人的现实感受。随着共同的经历与磨难，这种个别人的感觉逐渐强化起来，并传播开来，形成共同的感受。彼此感悟到只有这样去做，才能出现某种结果与状态，才是我们所真正所需要的，于是有了共同愿景。

从中国《易》学的观点看，共同愿景的作用也容易理解。比如，原子中原子核质子和中子相互结合如此紧密，这是强作用力——核力的作用。核力就是原子中存在的同性凝聚力，这个凝聚力是巨大的，原子核不用高能粒子轰击是不会裂变的，而这个凝聚力的源头正是原子这个"太极图"的太极中心——极心。社会组织的凝聚力，则是来自信仰这个极心。共产党以共产主义为信仰，佛教以"三宝"为信仰，信仰就是一个组织的极心，极心具有极强的吸引力。共同愿景、核心价值观、核心使命——不妨就说成是企业的信仰，就是一个企业组织的极心。再回头看看原子核，核力的力源就是极心的吸引力，极心对物质有一个引力场，以极强的吸引力使原子的质子和中子凝聚——形成一个同性元同性相聚而自然形成的同性群体核心——这是物质自旋同旋场的自然属性。共同愿景在企业组织中的核心地位显现出来了。

当我把企业愿景作为独立的一章来撰写的时候，我相信大家已经知道愿景指的是人的一种意愿的表达，这种意愿的表达需要有良好的准备并且具有前瞻性。

首先，愿景可以告诉我们为什么一个企业需要生存，这个企业存在的目的和理由。一个没有明确目的的企业就是一艘没有船舵的航船，是一列失去轨道的火车。建立愿景要回答这个问题：我们究竟要努力去完成什么？我们将用几页的篇幅来讨论一下，为了达到成功，我们该如何思考我们的目标。

还有，愿景应该是富有见识的。你对这个世界分析得越透彻，你的愿景就具有更多的见识。一个富有见识的愿景会反映出那些正影响着、改变着你所处的环境的变化趋势。如果你的愿景是要制作并且销售世界上最大的计算尺，那么你也许无法吸引很多的顾客。如果你的目的是要改善天花患者的生活，你可能很快就没有什么生意可做了——不过这是令人感到欣慰的。在另外一个方面，你可能现在正准备开办一家杂志，其读者对象定位于80岁以上的老人。这是因为你认识到，在以后的岁月中，这个市场将会随着人们年龄的增加而成长，发展成为你的事业。

与见识同等重要的是，愿景必须要有前瞻性。你的愿景也许并不打算反映你的企业现在存在的任何弱点，但是你的愿景应该反映出你对自己企业的期望以及你希望你的企业变成什么样。根据定义，你的愿景就是你的理想的一种表达。

一个有远见的目标陈述可以让每个人都了解到这个企业会朝着什么方向前进。虽然有时前进得快一些，有时要慢一些，有时甚至要后退一两步，但是一个清晰的愿景总是能够让每一个人都知道你将向什么方向前进。清晰的愿景有着许多优越之处。

不存在对每个人都有效的标准"愿景公式"。我曾经读过一些书，这些书提供了一大堆"顶尖公司的使命描述"，但是这其中的许多内容都令我感到震惊。这里都是一些毫无意义的词句，它们并没有告诉人们企业需要的实际经营方法，而只是表达了几乎人人都会赞同的一般的想法。

相反，愿景应当有着高度特异性，这种特异性源自你的企业。对于一个卓越的愿景来说，独特性以及特殊性是极其重要的。

每个企业都有其精神内核和灵魂，不管有没有写到纸上，也不管是否挂在嘴边。如果你正经营着一家企业，去问一下你的雇员和他们的配偶，去问一个你的顾客，甚至去问一下你的竞争者："你会用什么样的形容词和话语来描述我们？"也许你会听到像这样的一些话语，"反应迟缓"、"正处于困难时期"、"对员工太过苛刻"、"总在开拓新的业务"、"充满乐趣"、"孜孜不倦"、"产品设计得很好"。你所听到的一些话可能是奉承之辞，另一些话可能不是那么悦耳。有些话可能会让你感到惊讶，而有些话则不会。不过，每一个企业都会有这样一种特色，一个企业的愿景必然会反映它的特色。

中国惠普在1988年做出了第一份公司愿景，其中的一个理想就是有朝一日中国惠普要成为在中国最受人仰慕的公司。正是为了这样一个非物质利益目标，当时的中国惠普员工共同努力，共同奋斗。尽管当时中国并没有这样一个评比（在美国已经存在多年了），但是公司员工都相信早晚有一天中国会有这样的评选，而在一家令人仰慕的公司工作无疑是令人羡慕的事，那时候员工们的收入并不高，但是大家都不是因为钱而工作。直到2001年，大家的理想实现了，中国总算有了最受人尊敬的公司评选，从第一届开始，中国惠普一直都是中国最受人尊敬的20家公司之一。可以说，"千里之行，始于足下"，从提出这个愿景到实现自己的理想，中国惠普用了整整13年的时间，这不是急功近利的公司可以想象的一件事。

如果没有愿景，组织就失去了未来的发展方向。愿景作为一种未来的景象，产生于领导者思维的前瞻性。詹姆斯·库泽斯、巴里·波斯纳花了20多年时间，向北美洲、南美洲、非洲、亚洲、欧洲和澳洲发放这份问卷，调查了7500多人，向他们提出一个开放式的问题："你希望你的领导具有什么样的个人性格和品质？"受访者对这个问题的回答有225种之多，后来有人经过分析概括成了20种品质，并不断更新数据，分别在1987、1995和2002年进行了统计，在所有20种品质中只有4种品质超过50%的人选择。其中，"希望领导者具有前瞻性"占了75%。

如果领导者希望其它人能加入到旅途中，他必须知道要往何处去。有前瞻性并不意味着要先知先觉，而是要脚踏实地地确定一个公司、一个机构、一个社区或是一个社会的前进目标。愿景能诱导人们一步步迈向未来。领导描绘的愿景与组织实际实现的目标是否一致并不重要。

领导者是否具有前瞻性，关系到他把组织带到哪里去的问题。如果一个组织的领导者不清楚组织的方向，就不会有人真心实意地投身于它。因为"领导者不仅要报告新闻，还要制造新闻"。

如果没有愿景，组织的事业就无法得到员工真正的忠诚。一个卓越的领导者必须首先明确自己对未来愿景的认识，然后才能争取其它人接受共同的愿景，也就是说，"在你感染其它人之前，你首先要感染你自己。"我们知道，一个人做某件事，或一个组织共同做某件事，其动机或是外在的，或是内在的，如果只有某些外在的动机，那么，他们就不可能把工作本身当做一种使命和事业，这样的动机不可能是持续努力的动力，因为外在的动机更可能造成的是抱怨或反抗。如为了获得奖金这类外在的动机，这样的个人或团队很难会坚持工作直到最后，受外力所迫的人一旦奖金或惩罚没有了，他们就可能停止努力。

伟大的公司之所以伟大，是因为它们能够看到别人看不到的东西将洞察力与策略相结合，描绘出独一无二的公司愿景。其实，越是经济低迷期，越是面临压力、身处凶险，公司就越应该勇于直面困境。当公司上下都看到新的战略选择如何创造机遇、改变现状，适合建立愿景的土壤就会渐渐松动，公司信心的种子就会抽芽破土、节节攀高，这种战胜危机的信心和信念源于对公司愿景的追逐和向往。

毕生都以研究如何建立成功公司为目标的美国管理学家加里·胡佛，历经30多年实践与研究，他发现成功的关键是与那些成功的公司背道而驰。他在《愿景》一书中明确指出：伟大的公司之所以伟大，是因为它们能够看到别人看不到的东西，将洞察力与策略相结合，描绘出独一无二的公司愿景。可见愿景之于公司多么重要，也正是愿景，才成为公司的指路航标。

优秀企业的精神灵魂

第四章
企业使命

　　企业使命是什么？企业使命是企业生产经营的哲学定位，也就是经营观念。企业确定的使命为企业确立了一个经营的基本指导思想、原则、方向、经营哲学等，它不是企业具体的战略目标，或者是抽象地存在，不一定表述为文字，但影响经营者的决策和思维。这中间包含了企业经营的哲学定位、价值观凸现以及企业的形象定位：经营的指导思想是什么？如何认识的事业？如何看待和评价市场、顾客、员工、伙伴和对手。

优秀企业的精神灵魂

使命是企业的"DNA"

DNA是所有生物遗传的物质基础。生物体亲子间的相似性和继承性，也就是所谓的遗传信息都贮存在DNA分子中。

企业的"DNA"是说你这个企业区别于另一个企业的本质，是你这个企业在变化的市场中处于基本不变的核心。担当这个重任的只有企业使命。

按《现代汉语词典》解释，使命是责任。这种责任是重大的、历史的、沉淀在企业血脉之中的。

使命是企业的灵魂。离开了使命，企业就如同没有灵魂的人，骨骼和血肉也许能够完成新陈代谢，但却没有生命可言。

冯仑先生有个非常形象的比喻：做生意实际上是从人家手里拿钱。但从人家手里拿钱，无异于夺人贞操。如同谈恋爱，本质上是缺一个老婆，但你不能这样说，而要先从风花雪月，从理想，从未来谈起，但最终是要娶一个老婆。

组织的建立，并不代表组织就可以生存和发展。作为个体的集合，组织需要维系。维系组织的正常运转，除了制度、利益等"硬件"因素外，还需要一些软件，这就是企业为何而生的问题。原始社会，当人类面对严峻的生存考验时，就开始以简单协作的方式来抵御猛兽、开垦土地及围猎。随着人类社会的日益进步，协作的方式也日益复杂。马克思说："通过协作提高了个人生产力,而且创造了一种生产力,这种生产力必然是集合力。"也就是说,协作能比个体的简单相加产生更高的效率,能够为社会提供更大的价值,这使协作成为社会生活的基本形式。

尤其是在互联网+和大数据时代,组织产生了,靠什么来维系呢?

虽然电子商务企业已经走在大数据时代的前列,但在开始规划大数据美好蓝图的同时也要警惕其面临的挑战和风险。

一是企业信息化投资将规模化发展。电商企业内部的经营交易信息,包括商品、物流信息,以及用户的社交信息、位置信息等等将构成企业大数据的主要来源。其信息量远远超越了现有企业IT架构和基础设施的承载能力,其实时性要求大大超越现有的计算能力。此外,电商企业还将面临数据孤岛、数据质量、数据格局等数据治理问题。要想依靠大数据获益,我国电商企业必将进行新一轮的信息化投资和建设。

二是相关管理政策尚不明确。大数据时代下,云计算必将成为电商企业选择的业务模式,其本质是数据处理技术。数据是资产,云为数据资产提供了保管、访问的场所和渠道。云计算所提供的服务,既包括软件服务和应用平台服务,又包括基础设施服务,但目前我国针对云计算服务的管理政策和技术标准尚未明确。

三是数据安全与隐私问题突出。一方面,大量的数据汇集,包括大量的企业运营数据、客户信息、个人的隐私和各种行为的细节记录,面临的数据泄露风险将会增大。电商企业既要防止数据在云上丢掉,也要防止数据在端上被窃取和篡改。另一方面,一些敏感数据的所有权和使用权还没有明确的界定,很多基于大数据的分析都未考虑到其中涉及到的个体的隐私问题。

未来，大数据时代将会撼动人类社会的方方面面，从商业科技到医疗、政府、教育等各个领域。但现在，电子商务无疑已成为其中发展最快、应用最广泛、也最成功的领域之一。

以阿里巴巴为例，从2010年到2012年，淘宝和天猫双十一单日成交额分别为9亿、33亿、191亿；而2011年全年，淘宝和天猫成交量之和为3600亿，2012年这个数据超过一万亿。根据国家统计局数据，2012年全国各省社会消费品零售总额为20.17万亿，一万亿相当于其总量的4.8%。我国电子商务井喷式发展的背后是消费者数据的几何级增长。电子商务龙头企业也正是看到了相关机遇，积极部署、探索和挖掘大数据相关应用。

一是，电商企业通过大数据应用创新商业模式

大数据的重要趋势就是数据服务的变革，把人分成很多群体，对每个群体甚至每个人提供针对性的服务。消费数据量的增加为电商企业提供了精确把握用户群体和个体网络行为模式的基础。电商企业通过大数据应用，可以探索个人化、个性化、精确化和智能化地进行广告推送和推广服务，创立比现有广告和产品推广形式性价比更高的全新商业模式。同时，电商企业也可以通过对大数据的把握，寻找更多更好地增加用户粘性，开发新产品和新服务，降低运营成本的方法和途径。

实际上，国外传统零售巨头早已开始大数据的应用和实践。Tesco是全球利润第二大零售商，其从会员卡的用户购买记录中，充分了解用户的行为，并基于此进行一系列的业务活动，例如通过邮件或信件寄给用户的促销可以变得更个性化，店内的商家商品及促销也可以根

据周围人群的喜好、消费时段来更加有针对性，从而提高货品的流通。这样的做法为Tesco获得了丰厚的回报，仅在市场宣传一项，就能帮助其每年节省3.5亿英镑的费用。显然，电商企业对比传统零售企业在这方面会更有优势，因为电商企业本身就是通过数据平台为用户提供零售服务的。

从国内来看，我国电商企业均积极在大数据领域进行布局和深耕，已逐步认识到大数据应用对于电商发展的重要性。以我国著名B2C龙头企业凡客诚品为例。经过近几年的高速发展，凡客每年的销售量成倍增长，库存问题逐渐成为制约其发展的主要因素。2011年，凡客成立了数据中心，针对企业经营数据，包括库存、进货周期、周转、订单等，研究分析新产品的上架与新用户增长的关系，每上线一个新产品与它能够带来的用户二次购买的关系等，开展大数据应用实践。据了解，凡客的高库存问题目前已得到了缓解，库存周转速度由100天下降为50天-30天，有效降低了运营成本。

二是，电商企业通过大数据应用推动差异化竞争

当前，我国电子商务发展面临的两大突出问题是成本和同质化竞争。而大数据时代的到来将为其发展和竞争提供新的出路，包括具体产品和服务形式，通过个性化创新提升企业竞争力。

还是以阿里巴巴为例。阿里巴巴通过对旗下的淘宝、天猫、阿里云、支付宝、万网等业务平台进行资源整合，形成了强大的电子商务客户群及消费者行为的全产业链信息，造就了独一无二的数据处理能力，这是目前其他电子商务公司无法模仿与跟随的。同时，也将电子商务的竞争从简单的价格战上升了一个层次，形成了差异化竞争。目前，淘宝已形成的数据平台产品，包括数据魔方、量子恒道、超级分

析、金牌统计、云镜数据等100余款，功能包括店铺基础经营分析、商品分析、营销效果分析、买家分析、订单分析、供应链分析、行业分析、财务分析和预测分析等。

此外，电商企业通过大数据应用积极开拓发展新蓝海——互联网金融业务。目前阿里、京东、苏宁三大主流电商企业已相继试水。除"阿里小贷"模式比较成功之外，京东模式也渐出效果。2012年，京东通过与中国银行合作，推出"供应链金融服务"，供应商凭借其在京东的订单、入库单等向京东提出融资申请，核准后递交银行，再由银行给予放款。据报道，此服务可以帮助京东供应商大幅度缩短账期，资金回报率由原来的60%左右提高到226%。

企业的使命是企业生存的基石。我想，如果没有"振兴民族工业"的旗帜，柳传志也不可能在那种情事之下一举扭转联想在中国市场的态势，并从此成为中国PC的龙头企业。

经济学家韦伯在剖析资本主义体制时写道："大型组织要求组织中的个人做到组织利益高于个人利益——不论这个组织是修建金字塔、打仗，还是从事机械制造。"管理学家杜拉克则认为："管理在不同的组织中是有所不同的。毕竟，组织的使命决定了组织的战略，而组织的战略决定组织的结构。但是管理一个连锁商店和管理罗马天主教的众多教区之间的差别，远远比连锁店和管理罗马天主教们所认为的差别要小得多。"组织间最大的差别在使命感之上。

企业的使命和正确的经营理念是一致的。所谓经营理念是对"公司为了什么而存在、真正使命是什么这个问题的明确回答和坚定信念"。日本企业家松下幸之助提出"企业应以加速社会繁荣为使命"，认为"经营者不应该凭权势与金钱作恶性竞争，而应以建设公平合理的社会为责任"。美国一些企业家则提出"紧靠用户、顾客至上、竭诚服务"等信条。有的企业认为"企业的最基本的使命，是把物美价廉的产品充分地供应社会"，"而利润则是更好地实现企业根本使命的重要因素。这一点决不能本末倒置"。

企业实践证明，正确的经营理念，可以激发全体员工崇高的使命感和奋力工作的干劲。正如人做任何事情都有目标一样，企业进行任何经营活动也都要有一个明确的使命目标。

使命没有好坏、高下之分，重要的是要一以贯之地奉行，要保持企业使命的一致性和永续性。美国运动服装生产商耐克的使命是"享受毫不留情摧毁竞争对手的乐趣"。这也没有什么，因为它也取得了市场胜利。相反，美国安然公司的问题，也与它不能一以贯之地奉行自己的使命有很大关系。

没有永远的市场，也没有永远的产品；对企业来说，更没有天生的百年老店和世界500强。我们如果以进入世界500强来定义企业成功与否的话，结果则非常明了：并不是哪个行业行、哪个行业不行。正如我们前面说到的那样，按中国人思维方式，我们自家门口的"杂货店"(沃尔玛)，卖快餐的店铺(肯德基、麦当劳)都可入世界500强排行榜，我们为什么不行?我们借用中国古代司马迁的话说："将相宁有种乎？"因为在世界500强中，丰田是从生产织布机起家，宝马是从生产三轮车起家，诺基亚起家是木材加工。今天中国市场的一些成功的企业同样如此：力帆集团是从图书批发商开始创业，吉利集团从走街串巷照相起家，温州的正泰集团是从小修鞋匠开始。用开、复工面积算，2003年全球最大的房地产商万科股份公司创业初期倒腾过电器，全球最大微波炉生产商格兰仕是从加工鸭毛、生产鸭绒产品开始，浙江娃哈哈是从卖冰棍开始创业。

　　一个创业的企业家和企业，大多数情况下是不可能从一开始就找到属于自己的那块"奶酪"的。用联想董事局主席柳传志的话说，是"脚踩西瓜皮——滑到哪里是哪里"。

　　但成功的企业，不可缺少价值设计，企业的价值设计就是企业的使命，而使命是企业的"DNA"。

　　万通地产董事局主席冯仑先生2002年在谈到中国目前已经成功走过20年的企业时说：自诩为专业董事长、造就了几个地产大鳄的万通地产主席冯仑企业的竞争力，就是你的价值观。而价值观就在于你对名利的看法，你对世界的看法，你对金钱的看法。正因为这样，我们才发现，研究现在中国20年历史的企业家，能够活到现在、做得非常好的，大部分对钱的看法非常接近，他们内心离钱很远，离事业很近。但是这个事业，往往是大家认为比较迂腐的一件事情。是什么样的价值观呢？就是使命感。使命感是什么呢？三句话，第一是没事找事；第二是把别人的事当成自己的事；最后一条，就是自己的事不当事。竞争的最后，是价值观的竞争，而最终的核心就是使命。

　　经过几起几落，目前依然是世界IT界巨擘的IBM，是在第二代掌门人手里才有明确的使命诠释的。1962年，小托马斯·沃森写了一本书，书名叫《一个企业和它的信条》，书中写道：我们可以详细认真地思索一下影响一个企业进步或退步的各种原因，技术、偏好的变化，时尚的变化，它们都起到了一定的作用，没有人能够反驳它们的重要性。但是我怀疑它们本身是否真能起决定性作用。我认为一个企业成功和失败之间的差距经常可以归结于这样一个问题，即这个组织是否完全调动了其员工的聪明才智和工作。它做了什么来让员工们找

优秀企业的精神灵魂

到共同的目标事业？在经历一次次的变动时，它是如何长期保持这一共同的目标和方向感的呢？分析任何一家存在了多年的大企业，我想你都会发现客观存在的适应性不是归功于组织形式、管理技巧，而是归功于我们称之为"使命"的力量以及它们所产生的对员工的巨大凝聚力。这就是我的理论：为了生存和取得成功，任何一个企业首先要建立一套完整的使命作为所有政策和行动的前提。接下来，我认为企业取得成功的最重要的单一因素就是要忠诚地拥护这些使命。最后，我认为，为了面对世界变化所带来的挑战，企业要作好准备，调整除了这些使命以外的任何东西，但对这些使命则要终其一生地坚持。换言之，比起技术或经济资源、组织结构、创新和调配来说，一个公司的基本生活观、精神活力和驱动力与它的成功有着更密切的关系。技术等因素对成功也起很大的作用，但我认为，公司员工是如何坚决拥护和忠诚执行公司的基本使命要比它们都更重要。

日本松下公司创始人松下先生这样诠释松下的使命：我们的工作是为了摆脱贫困，造福于国家和人民，我想这就是我们的使命。

中集集团总裁麦伯良用了不到10年时间，把一个行将倒闭的小厂做成了世界上的行业龙头，中集集团孜孜以求的是"国强民富"，并把它作为企业的使命。

中集集团上市10年，麦伯良担任总裁10年。其间，沪深股市上升(2003年6月30日)200%，中集集团成长(复权)1500%。也就是说，10年前用1元钱购买中集集团股票，到2003年成为15元钱。沃尔玛成功的企业使命是，以小镇为本，让消费者买到便宜的物品。所以，它的销售口号就是：天天低价。

有几位行业成功的企业家，柳传志、张瑞敏、倪润峰等等，仔细琢磨，你会发现，他们的成功在于他们并不是把他们的产品作为企业营销终极目标，而恰恰是把企业的使命和企业的精神作为企业营销的目标，比如海尔的"真诚到永远"，联想的"人类失去联想，世界将会怎么样"，长虹的"以产业报国"。实际上，你如果单看这些，你并不知道他们企业是做什么的。

但这就是他们企业的"DNA"。

不要夸张企业使命

1930年，当传教士之子亨利·卢斯创办《财富》的时候，他便隐约知道自己将成为一个新生阶层的辩护士。为了进一步弄清楚他所代言的阶层"到底有什么含义"，有一天，他特意去《韦氏大词典》查找"资产阶级"的名词解释，结果他大吃一惊。在词典中，卢斯读到的是被这样描述的——资产阶级：中产阶级的特征，因此他是一个全神贯注于物质财富的人。

A.俗气的；通常保守的；死板的；

B.口语，普通的，粗野的和愚蠢的；

C.资本家的。

"怎么能这样？我在失望之中，像一个在学者面前受伤的孩子似地冲了出去。"卢斯在一篇演讲中这样愤愤不平地叫嚷道。事实似乎正如创作《企业家——美国的新英雄》一书的戴维·西尔弗所言，"直到20世纪40年代，对经济学史所作的研究表明，没有哪一个重要经济学家曾经把企业家的作用看作是能够形成导致经济繁荣或衰退的产品和服务的创造者。"

但是，也是从这时候开始，"T型车的车轮碾碎了贵族们脆弱的尊严"，企业家以他们骇然的敛聚财富的速度和改变生活的能力而成为全社会最受关注的一个强势阶层，他们开始被一层层地涂上"国家英雄"的金身。哲学家A.N.怀特海在哈佛商学院的一次演讲中试图论证："伟大的社会是企业家对自己的功能评价极高的社会。"而卢斯发表于1954的《商人的品质》一文，更是表达出强烈的使命感，被视为财富阶层的一次宣言。卢斯写道："商人必须被当作最伟大的职业……商人应该是受人尊敬的物有所值的社会服务者。"

"商人必须对他们所想要的这种社会、这种制度有明确的自信，并且他们必须站出来为维护这些自信而战。"

公众对企业家期望值的提高，还与他们对政客的失望成正比。在美国，上世纪70年代以后，随着电视、报纸等现代传媒的发达，任何政治活动都以空前的透明呈现在公众眼前，那份斡旋于"政治纱帐"之内的神秘感一夜之间荡然无存，人们开始厌倦政客们的喋喋不休和出尔反尔，特别是尼克松水门事件的曝光，政治家的人格信用降到了最低，呼吁成功的企业家来掌控国家的声音一度竟成主流。这股"企业家崇拜"的热浪，到李·艾柯卡身上终于达到了巅峰。

1964年，艾柯卡主持开发出一款名为"野马"的车型，一时风靡全球，成为当时最畅销的轿车，他因而爬上福特汽车总经理的宝座，并当上了《时代》和《新闻周刊》的封面人物。

1978年，艾柯卡的光芒终于让老板亨利·福特二世感到了刺眼，他被一脚踢出福特公司，理由是他"缺乏礼貌"，太具"侵略性"。这时候，已经濒临破产的克莱斯勒汽车公司收留了这位54岁的落魄人。憋了一口气的艾柯卡果然没有让新老板失望，他很快开发出一款K型车。K型车是如此的成功，仅仅用了四年时间，艾柯卡就把克莱斯勒从破产的边缘拯救回来，一举成为在美国仅次于通用汽车公司、福特汽车公司的第三大汽车公司。

这实在是一个让人着迷的创业神话。在美国汽车城底特律，在首都华盛顿，人们纷纷讨论这样一个问题：如果好莱坞的明星里根可以当两任总统，那么，担任过两大汽车公司的总经理艾柯卡为什么不可以当总统？在热心团体的拥簇下，艾柯卡放下公司工作，开始四处演讲拉票，"我必须承担起伟大的使命，是轮到企业家来领导这个国家的时候了。"他大声疾呼，台下响起轰天的掌声。

因为党派政治的因素——尽管有不少民众希望他出来竞选总统，但是作为美国"两党政治"之一的民主党从来就没有把他列入候选人的名单，艾柯卡最终没有去正式参选美国总统。可是，这却极大地激发出他参与公众事业的热情。

在随后的几年里，艾柯卡的个人价值和知名度一路飙升，但克莱斯勒公司的股票却在他任期的后半段急落了31%。因写作《基业长青》而出名的吉姆·柯林斯如此描述这位商业奇才的后期职业生涯——

他一而再、再而三地推迟自己的退休年限，以至于克莱斯勒的内部人士开始嘲讽他"想一辈子担任克莱斯勒的老总"。当他最终退休时，仍要求公司继续为其提供飞机和股权。后来，他甚至同著名的收购艺术家Kiek Kerkorian联手发动了针对克莱斯勒的敌意收购案，弄得天怨人怒，最后又以失败告终。

在吉姆·柯林斯最近发表的《第五级领导者》一文中，艾柯卡成了"卓有才华但利己主义超级膨胀的第四级领导者"的典范。

"艾柯卡崇拜"的峰回路转，生动地呈现出了企业家的职业特征：它有如此现实的绩效标准，任何偏离了这个价值的行为——无论它承担着多么崇高的使命或公众期望，最终都将被证明是可笑的。

当我们以思想史的方式对企业及企业家的公众使命进行了梳理之后，也许我们应该换一个角度来看看在企业内部它又是怎么衍变的。

旧中国的许多民族资本企业都把"产业报国"、"实业报国"作为企业最高目标。天津东亚毛纺公司提出"若不效忠国家，要我做什么"的原则，确定企业最高目标——公司之主义为"以生产辅助社会之进步"；上海银行的"三大行训"反映了企业最高目标——服务社会，辅助工商实业，抵制国际经济侵略。

天津永利碱厂的最高目标则从企业口号中反映出来——实业救国，科学救国。

今天的许多中国企业同样如此，长虹集团把"产业报国、民族昌盛"作为自己的最高目标，海尔集团则把"创造中国的世界名牌"定为企业最高目标。

由此不难看出：成功的企业总是简单的。

老子曰："合抱之木，生于毫末。"企业使命最终是要回归到根本，而所谓"根本"，最终的表述，是哲学。只有在哲学意义上的解说、诠释才可能成为企业的"宗教"，才可能据此建立起崇拜性的文化。

日本企业家松下幸之助在谈到企业成功因素时说："我相信一个公司惟有在一个哲学的方针受到遵循时，才能成功。"

谈到哲学，我们就不能不谈华为和《华为公司基本法》。我以为，这是中国企业冷静和成熟的表现。

华为是一家专门从事通信产品研制开发的高科技企业，经过近十年的艰苦创业，如今已成长为拥有九千多名员工、年销售收入近百亿元、名列全国电子百强前茅的大公司。数年来，公司销售收入以较高的速度持续增长，成功地完成了第一次创业。在辉煌的成绩面前，华为老总任正非在思考：企业进入第二次创业时，如何正确处理企业面对的各种新问题和矛盾，如何为企业的可持续发展建立有效的动力机制。正是基于这一思考，他们经历了三年的探索，在对公司创业以来的成功经验和失败教训进行总结的基础上，对公司的核心价值观作了高度的凝练和概括，对公司的运行机制和管理政策作了全面的总结。

《华为公司基本法》内容涵盖了企业发展战略、产品与技术政策、组织建立的原则、人力资源管理与开发，以及与之相适应的管理模式与管理制度等方方面面。其中心内容是企业的核心价值观。

任正非：在思考《华为的冬天》吗？

华为总裁任正非描述说：企业的核心价值观就是适合全体员工的一道菜，一个企业只能有一个核心价值观，并以此来统一企业的文化与管理。它应该是公司员工共同认同的规范与尺度。一个企业可持续成长的关键在于企业具备可持续发展的动力源泉和动力机制，这就是企业的核心价值观。企业的核心价值观必须为其接班人所接受，接班人必须具有自我批判能力。自我批判能力就像刨土一样，管理思想的土壤松动，为持续创新的种子的成长创造了条件。

海尔张瑞敏曾在一次回答记者提问时说，企业管理最终是哲学。

这是中国企业家在哲学层面的清醒和成熟。

联想柳传志带领联想的成功，有个重要原因是柳传志在哲学层面上主导了这个企业。而所有事情上升到哲学层面就变得简单了。

柳传志在联想建立了一种"崇拜性"的文化，这种崇拜，是对柳传志个人，但又超脱出了个人。柳传志既是这个崇拜的"符号"，又不是这个符号的全部。

这就是柳传志被公认为是今天的企业领袖的原因。

中国企业的使命错位

中国企业必须在使命认识中从玫瑰色走向深蓝色，重新回到"基本面"。

历史往往是如此相似。今日的中国正进入一个商业至上的奢华年代。从这里迸射出的炙热的商业热情，常常让人想起20世纪初期的美国，那个亨利·卢斯大声颂唱的财富创世纪时代，那个对商业顶礼膜拜，深信技术的进步将洗去一切贫困、不平和忧伤的大年代。

在中国社会对企业家的期许以及这个财富群体的自我膨胀即将达到顶点。如果拿美国百年商业史作为参照体，一个让人不无尴尬的事实似乎是，我们今天对企业家的公共责任以及公司使命的认识正停留在上世纪20年代到70年代之间。

我们知道，近代民族工业应该是从洋务运动开始的。

洋务运动发展民族工业是因为国家落后、挨打，清政府终于觉得必须发展"坚船利炮"了。后来，民族工商业的发展也是一直在救亡和图存的民族主题下进行的。

从历史上看，"洋务运动"是中国工业发展的一个阶段，其中又有两个过程：先是官办，以曾国藩、左宗棠、李鸿章为代表；紧接着唤醒了民众，很多的民族企业应运而生，代表人物有被毛泽东提到过的几个人，如侯德榜、詹天佑等。从洋务运动到第一次世界大战前夕，构成中国民族工业发展的第一阶段。一次世界大战期间，中国的民族工业进入了一个黄金时期，民族工业的魂魄基本形成。当时，人们不是想活得更好更幸福，而是在被迫发出最后的吼声的情况下发展中国企业。

因此，民族忧患意识贯穿了始终，这也是中国民族企业发展的使命。目前，我们许多企业的使命有很大水分。对我们的企业来讲，不是有没有经营使命，而是要弄清楚使命到底是什么。从规模来讲，中国的企业与其所负担的使命比，还无法承担重负；从实力来讲，我们的企业还是弱小的企业。更为重要的是，中国企业缺乏国家理念。由于企业整体缺乏理念，单个企业的理念就显得混乱，目标不清，企业所谓的理念也很难起到推动企业发展的作用。

相反，我们再看看美国的企业(中国政府2002年提出，要让国有大型企业开展对标活动，所以我拿美国企业比较，也算对标吧)，我们先分析一下微软。

据媒体报道，2002年，美国微软不仅把全球支持中心放到中国，而且要拿出62亿美金支持中国的软件事业。尽管微软雇员的确是由不同肤色、不同宗教信仰的各个民族所组成，但这又能怎样呢？企业的行为照样要受制于董事会，而董事会由股东大会产生，可以说，微软的股东绝对是以美国人为主的，微软的一切举动都是为了企业利益最大化。微软的资本是美国民族的，品牌是美国民族的，微软最大的控制力依然在美国而不在中国。

为了写作本文，我和我的助手们曾经花了不少的时间，去收集中国企业的公司使命。结果我们发现，很多大公司并没有十分明确的使命陈述，它往往与公司的宗旨、远景、战略目标及成长理念等交结在一起。然而经过细致的剥离，我们仍能清晰地梳理出这些公司在使命认识上的一些共同之处：

中国企业的使命表述，往往与一些伟大的社会责任纠缠在一起，有一种"天降大任于斯人"式的崇高感，仿佛公司就是为了完成某一项遥远的社会使命或实现某一个"国家目标"——如成为中国第一个跨国品牌——而存在的，我们不妨称之为"十字架"型的使命。

另外，我们还每每看到"借口型"或"口号型"的公司使命，它常常是为了"捍卫或振兴民族工业"(迄今很多中国家电企业以此为自己的使命)，为了"争当中国第一纳税人"(山东某集团的公司使命)，为了"让国人寿命延长10年"(沈阳某保健品公司的公司使命)，或为了探索某一些体制上的创新(它常常出现在那些率先闯入垄断型行业的新兴公司的使命陈述中)，这些堂皇或遥不可及的使命感似乎能够让企业在经营行为中天然地带上某种光环，甚至成为获取某些利益的最好理由。

中国企业的使命表述往往是不聚焦的，很难体现专业化的执着，从使命表述中，你基本上搞不清楚它到底专注于哪一个领域，它在哪

第四章 企业使命

一方面拥有自己独特的优势，它期望在哪一部分成为该行业甚至全球的领先者。这应该与当今国内企业普遍执行多元化的战略有关，在这一点上，中美大公司的差异性非常之大。

中国企业的使命表述还往往与股东无关，在价值取向上十分模糊，从中我们基本看不到公司对其出资方所应当作出的承诺。这种对"有限公众利益"的漠视与它常常表现出来的对国家乃至民族利益的高调宣示形成了一种十分刺眼的对照。

这些年，当我在从事中国企业成长史研究的时候，我经常会自问一个问题：中国企业与国际大公司的差距究竟有多远？差距是规模上的、技术上的、资本上的，还是战略能力上的？或许都有。或许在很多方面，我们都将一一超越。

但是，至少在一个方面，我们迄今还没有意识到差距，那就是对企业的使命认识。

当我们还陶醉在"The Glory and The Dream"(光荣与梦想)的时代幻象中时，我们的强大竞争对手已经奔跑在另一个专业化的世纪跑道上。

我们必须认识，在当今竞争激烈和日趋全球化的商业世界中，公司日渐成为一个纯粹的、追求"有限责任下之有限利益"的商业组织，企业在社会进步秩序中的角色扮演日益单纯，它对道德进步和公共利益的担当变得相对间接化，让公司去承担过多的公共责任，对企业家和社会而言，都是冒险的。如今广受推崇的商业偶像从GE的杰克·韦尔奇、IBM的郭士纳到2004年红极一时的日产汽车CEO卡洛斯·戈恩，与当年的亨利·福特、J·摩根，甚至稍近的李·艾柯卡等相比都要离公共利益和政治话语远得多。

任何使命的实现都是需要成本的，不真实的、被夸大的使命感正在消耗着我们并不积厚的能量和资源，进而让我们在战略设计上往往容易多绕弯路，甚至陷入自掘的陷阱。

这样的声音是必要的：走出卢斯式的激情和艾柯卡式的崇拜，中国企业必须在使命认识中从玫瑰色走向深蓝色，重新回到"基本面"。

使命的背后是一种文化。国内企业，是要在中国这样一个环境下进行经营活动的，而不是在国外。虽然有些教科书讲的是国外的知识，借鉴的一些理论也是国外的理论，但一定要在中国的土地上生根发芽，否则就会水土不服，消化不良。国外的公司提出来的公司使命，是基于它们长期以来对于使命的理解，而国内的一些企业过去没有这样的提法，没有说什么是企业的使命。过去把使命看得很遥远，很庞大，甚至很严肃，当然企业的使命不是不严肃，而是要讲得很具体。

全世界的麦当劳都只有一个运营标准。可为什么每天一样的菜谱吸引了大量的孩子以及青少年？北京刚开始是一家，很快发展到百余家，遍布了北京的各个角落。孩子们需要娱乐，而麦当劳恰恰能满足他们的需求，就是麦当劳讲的"便利"和"价值"。这样，企业就获得了很大的成功。柯达胶片的使命很简单，它做得也很简单，但是它做了近百年，获得了成功。它就是胶卷，虽然它有照相机，但是它的主营业务还是胶卷。爱美之心，人皆有之，谁都想留下当年的最快乐的时光，而索尼恰恰通过它的数码摄像机提供了这样一种服务。

有了愿景，然后就要把它落实，所以要谈到企业的使命。

例如中国的MBA教育，它是在和加拿大长期合作的基础上提出的一种学位。这种学位,就是落实一种使命——如何培养你自己的高层管理人员。用中国的管理理念,借鉴国外一些管理知识,使你的高层管理人员有更好的一种战略思考,对企业更加科学地进行管理。所以"管理科学、兴国之道"也是这样一种出发点。

凡天下事成功有经验,失败有教训。

每一个企业,总是应该有存在的原因、存在的价值。华林投资集团已经存在15年了,他的企业宗旨决定了他的使命、他的存在原因和存在价值。

不幸的企业各有各的不幸,优秀的企业却有着共同的特征。这共同的特征之中,总是有着一个优良的企业DNA,也是企业核心竞争力的组成基础,那就是企业价值观、优秀的文化、崇高的理念、神圣的使命;优秀的企业还有一个共同的特征:总是有着一个优秀的企业领袖,他是这个企业的灵魂,没有了他,就没有这个企业的崛起。

华林的企业文化,就是以他的企业领袖、董事长尹建国先生的个人理想放大以后形成的:"振兴民族经济 实业报效国家 真诚回报社会实现自我价值。"这就是华林投资集团的DNA,是华林人的精神核心。

企业是法人,是一个由自然人组成的群体,这个群体的特征取决于这群人的价值取向,因此,企业的宗旨总是和这群人的共识密不可分的。"振兴民族经济 实业报效国家 真诚回报社会 实现自我价值"这四句话把华林人与民族、国家、社会的关系诠释无遗。

民族兴盛才能国家昌盛,企业发达才能国家发达,社会安定才能使企业进步,企业进步就可以同济天下!

华林人就是要通过自己的努力奋斗、自强不息,把民族振兴作为自己的历史使命，把发展实业作为报国的手段途径，把真诚回报作为自己的产品内容，把提升价值作为发展自己的保证。

一个企业，不能盈利，就是犯罪，盈利太少，就是浪费，只有把利润和价值最大限度地提升和开发，才能换来健康快速的发展。

华林的文化是创造财富的文化，是创造价值的文化，是完善自我的文化，是兼善天下的文化！

中国人崇尚：贫则独善其身，达则兼济天下。华林人定位就是要追求卓越、不断发展、永续经营、兴旺发达！达己以济天下！

企业不但要有新的投资，新的融资，还要有不断的新理念，这样才能保证企业特色。在考虑愿景和使命的时候，一定要有一个明确的认识，不是把它变成一个空洞的口号。例如，仅仅讲"以人为本"，仅仅讲"再铸辉煌"，可能都有一点模糊，界定不清，使得顾客、以股东为代表的这些利益相关群体、以员工为代表的内部利益群体，不能引起他们足够的重视，这不利于企业的长期发展。

海尔集团总裁张瑞敏认为：员工与企业的关系是员工是小河，企业是大河，小河有水大河满，小河无水大河干，因此员工是第一位的。而笔者的一位朋友是高科技民营股份制企业的总裁，他们公司哲学观中有三句话：收获事业带来利益收获，满足股东带来员工满足，回报社会带来企业回报。

他们对待股东与员工的看法是股东第一，员工第二。因为民营企业的平台是股东们出资的，先有股东才有员工。股东若不满足，不是撤资，就是换人，你空有满足员工的心愿也无可奈何。

唐僧是典型的创始人风格，有宏大的理想，坚定执着，甚至于冥顽不灵，不是一个接地气好相处的人。销售出身，在产品研发阶段就老爱推销自己未来的产品，技术能力相当薄弱，在那个动不动就腾云驾雾的魔幻世界，唐僧一个人连未成精的老虎也解决不了，这就好比他要做个APP，却不会编程，没有团队的技术支持，他寸步难行。类似于同是销售出身的乔布斯，一个偏执的理想主义者，技术能力相对薄弱，却结识工程师沃茨尼亚克。唐僧也是在机缘巧合下遇到了他团队中王牌孙悟空，最终顺利研发出产品。

创始人如能像钢铁侠马思科、扎克伯格一样，拥有超强技术能力是非常不错的事，但再牛逼的技术人都有自己不擅长的领域，需要团队分工合作，尤其是科技行业中。老马能把NASA的科学家挖出来为spaceX搞火箭，小扎在回应Instagram收购价格过高的质疑时表示"人才是他们收购的根本目的"，他们的共同点都是极其注重团队建设，在自己的领域中。唐僧在团队建设环节，表现得相当出色，具体表现在：

画了大饼。描述了团队共同的价值观和愿景，几个妖怪都渴望改变自身命运，希望得道成佛，不想再被压在山下，不想做一个被世人唾弃的妖怪，渴望被尊重，渴望成功。

分工明确。任命悟空担任CTO兼COO(技术能力强，过去曾是猴子帮高管，有创业经历)，沙僧担任CFO(沙僧长相最正常，可以帮助融资化缘，人品正直，行事守旧，适合做财务)，至于猪八戒不算高管，只能是一个比较好色却牛逼的技术人，价值观有问题，掌权团队方向会走偏。小白龙?那是唐僧的玛莎拉蒂，只能证明他们团队资本力量雄厚，VC认为创始人是陪着他们注资了，至少不是那种一清二白只靠idea来忽悠的人，降低了他们心中的投资忧虑。

团队精简。只招了那么几个人，遵循了管理学理论，尽可能不让组织臃肿，团队办事效率极佳，把创业团队中"抠"的文化展示的淋漓尽致。

懂得团队奖惩。给孙猴子他们做衣服等，给予基础的物质激励，总会把好吃好喝的留给团队。但在犯错时绝不手软，有时甚至敢于大胆地剔除那些和团队价值观格格不入者。

很多人认为猴子才是团队的灵魂，但事实上，灵魂人物只能是唐僧，猴子是一个技术能力极强但是欠缺方向感的人，所以建立的花果山团队最后失败了，他需要一个人带领他朝正确的方向前进，才能发挥出最大的价值。

反观唐僧，各方面能力看似平庸，但却是一个优秀的创始人，有伟大的理想，坚定的信念，十分注重团队文化培养，即使是早期的员工，发现他价值观和团队格格不入，敢于狠心T人。一个天生的团队建设者和营销大师，一天到晚向团队和潜在客户阐述经营理念和产品理念，为团队和产品做营销，尤其擅长事件营销，明明一个筋斗云能搞定的事，一定要搞个长达几年的开发周期，弄出一个凄惨、艰苦、感人的创业故事来。在产品未上市前，便攒足了眼球。

然而唐僧的有些东西并不是所有创业者都能学得来的。比如他是含着金钥匙出生的，金蝉子转世，创业前就有了高僧名号，相当于MBA头衔，一句"我来自东土大唐"的影响力好比"我来自美国硅谷苹果"。拥有先天的人脉资源，皇帝都借用了媒体资源为他造势，给他提供创业启动资金：马匹、衣服、干粮等。最宝贵的还是有观音这个VC兼导师，除了提供袈裟宝衣、累不死的白龙马等丰富的物资，还给引荐了团队的技术骨干们，个个都是行业里一等一的高手。这个知名VC还为他做各种咨询，在危机时帮助唐僧团队，做人才储备计划，团队运营方案，媒体造势，公关活动等都有观音这个资本巨头参与。除此之外不断自己注资或忽悠其他VC联合投资，这样一个保姆级的顶级VC现实中几乎是不可能有的。

即使是骨干成员中的孙悟空，也因为过去在行业里的事迹，坐拥许多资源，找火神、找天王、找观音、找阎王、找如来等，在关键时刻都帮助了团队。这些也都是一般创业者羡慕不来的。

创业者唯一能学习的是唐僧身上的后天能力。比如他对市场的敏锐洞察力，和对产品的专注程度，甚至于"灌输"能力，这些都来源于他对自身团队、产品的深刻思考。他知道去西天的路径，和强烈的偏执狂气质，以至于逢人就成话痨，聊团队理念和对市场、产品的深刻理解，这在某一程度上可以帮助结交一些志同道合可以寻求合作的伙伴。

对任何初创公司创始人来说，最重要的两件事是招人和产品，唐僧均做到了极致，包括团队成员的分工、结构设计、奖惩制度，把优秀的人放在合适的位置上，注重能力，注重工作氛围和文化建设，敢于决策，在原则性问题上绝不走亲情路线，对产品吹毛求疵，近乎于苛刻古板。

因此，企业在这几种关系上总有孰重孰轻，哪怕只是一丝差别也是存在的，这在理念上先要摆正，还有如何看待企业内部的技术、销售与管理的关系等等，都是一种哲学观的反映，当然不存在绝对的优劣。要看企业所处的行业特点，企业第一把手的个人特质等等综合诊断。但这些问题是老板或职业经理人必需深思的。

我们以下举一些例子：IBM长期的口号是"IBM就是服务"，体现了IBM三个核心理念之一，而且无疑是最重要的。IBM的创办人老沃森是推销员出身,其立业的特色就是做客户做得好,他赢得客户的法宝就是服务。

美国通用电气公司(GE)公司的口号是:"我们向社所提供的产品是进步"。GE公司的前身是爱迪生电灯电器公司,是以发明创造立业并著称于世的公司,这句口号豪迈地表现了GE的理念和公司特征。GE卖的产品大到发电站设备、航空发电机、火车机车头、电灯、冰箱、洗衣机、洗碗机、熨斗(现在通行的电熨斗曾是GE的专利),他们卖的不是一件件产品,而是在表现社会进步。

杜邦公司的口号是:"通过化学使美好的生活更美好",表达了其追求美好的理念和"通过化学"的企业宗旨。劳力士手表的口号是:"每一个领导世界潮流的人都戴劳力士表",表达了企业的品质和市场目标;

飞利浦的口号是:"让我们做得更好",表达了追求卓越的企业精神。这些口号向社会传达了企业的主要理念和主要特征,是一项长久的、深入人心的工程。国内也有不少走在前面的企业注意到此事。

如海尔的"挺起民族工业的脊梁","海尔,中国造"反映了民族自尊精神。爱多的"我们一直在努力",反映了一种拼搏精神。步步高的"说到不如做到",反映了一种求实精神。

由此可见,对企业使命的认实,也是企业要回到根本的问题。什么是企业的根本?是产品和顾客。

50多年前,沃尔玛还只是美国堪萨斯州一个小镇上的夫妻店,现在它已成为世界上最大的零售巨人——2001年,沃尔玛的所有者沃尔顿家族财产总额达到931亿美元,成为世界上最富有的家族,沃尔玛企业成为2001年度世界500强的榜首。

1918年，萨姆·沃尔顿出生在美国阿肯色州的一个小镇上。萨姆小时候家里并不富裕，这使他养成了节俭的习惯。1962年，他开了一家连锁性质的零售店，取名沃尔玛。萨姆开店坚守着一个信念："只要商店能够提供最全的商品、最好的服务，顾客就会蜂拥而至。"他向员工提出了两条要求："太阳下山"和"十英尺态度"。

"太阳下山"，是指每个员工都必须在太阳下山之前完成自己当天的任务，而且，如果顾客提出要求，也必须在太阳下山之前满足顾客；"十英尺态度"是指，当顾客走进员工十英尺的范围内时，员工就必须主动询问顾客有什么要求，而且说话时必须注视顾客的眼睛。

沃尔顿还有一句名言："请对顾客露出你的八颗牙。"

2003年《萨姆·沃尔顿自传》在中国出版，我读这本书的同时，思考了很多问题。使我感触最深的是沃尔顿办企业的几个基本信条，它们是：顾客都希望买到物美价廉的商品；索价越低，赚的就越多；越是与员工分享利润，公司的利润就越多；是赢利支持了增长，而不是增长支持了赢利；在顾客需要的时候恰好拥有商品。

我们看到，沃尔顿的这些信条朴素得不能再朴素了。然而，恰恰是这样一些尽人皆知，一再被验证，几乎每个人都认同的朴素道理，才是沃尔玛成功的真正秘密所在。

我把这些朴素的道理称为市场公理，它们像几何公理一样，不证自明。

杰出的公司之所以杰出，就在于他们彻底地实现了这些朴素的道理，实现了这些基本法则，实现了这些常识。

沃尔玛能有今天，关键是他们不只说"顾客就是上帝"，更重要的是坚持这么做了。一切都是顾客给你的，其它一切的一切不都是建立在这一基础之上的吗？被誉为全球第一CEO的杰克·韦尔奇先生曾这样评价沃尔顿：他了解人性，就像爱迪生了解创新发明、亨利·福特了解汽车制造一样。所以他给员工最好的，给顾客最好的。

了解人性，给他最好的，并始终如一，这正是沃尔玛成功的关键，也应当是所有企业的根本。

我们再来看看另一位美国企业家亨利·福特的信条。福特在他的自传中写道：自从第一辆汽车在街上出现那天起，它对我来说就是生活必需品，正是这种认识和确信，促使我去制造最好的大众车。

我的车比任何别的车都简单。一件东西越简单，它就越容易制造，它便可以以越便宜的价格出售，因此也就越可能大量地销售。

这世界上的大多数人不具有在智力上能为自己谋取好生活的智慧，因此，如果我们工厂的每一份工作都需要技能的话，这工厂从来就不可能存在。

对金钱的贪婪不一定能得到金钱，但当一个人为消费者提供他们需要的服务——做他认为该做的事——那时候金钱就会滚滚而来。

己所不欲，勿施于人。

正是因为从自己切身需要而推及大众的切身需要，站在大众立场上思考自己应该怎么做，才有了名垂青史的T型车，才使汽车成为广大消费者的代步工具，才创造出了巨大的市场和大规模生产方式，进而改变了20世纪的历史进程。可见，从朴素的思想出发才可能引发原创性的创新，满足最广大消费者的基本需求才可能做成大企业。

遵循自然界和人类社会普遍适用的法则，即适者生存的法则，以此作为大公司人力资源管理制度的基础，就这么简单。惟其简单，才最彻底、最具体，当然也最难做到。

从以上的列举中我们看到，正是那些伟大的企业家和职业经理人奉行的朴素原则，成就了伟大的企业。这些朴素的思想和原则是这些杰出企业建立企业制度的依据，是企业重大决策的指导方针，是务实的管理作风的内在品格。伟大出自平凡，真理就是这样简单。

第五章
应当怎样变革

达尔文曾说,得以幸存的既不是那些最强壮的物种,也不是最聪明的物种,而是最能适应变化的物种。恐龙是十分庞大的动物,曾经主宰过地球,但它不能适应1万多年前地球冰河期的大变化,纷纷绝迹了。蕨类植物是地球上最弱小的生物之一,它适应了变化,终于生存了下来。

优秀企业的精神灵魂

活在变化里

不断的变化,从变化中捕捉机遇,寻求发展是企业成功经营的诀窍。俗话说:冰冻三尺,非一日之寒;流水不腐,户枢不蠹;青出于蓝而胜于蓝,都从不同侧面揭示了变化的规律。

规律是只能是顺的,不能是逆的。一个年轻人泛皮筏舟遇到一座水坝,它决定冲下去,不料皮筏翻了,他掉进水里,落入激流漩涡中。他本能地使劲对着激流划,以免落入漩涡。几分钟后,他敌不过漩涡的回流,被吸进漩涡里去了。不一会儿,他的尸体在下游浮了上来。在他生命的最后一刻求生的尝试徒劳无功,水流却在他死后几分钟之内完成了。颇具讽刺意味的是:杀死他的正是他自己的奋力抵抗。特不知道,在这种情况下,凭直觉办事是十分危险的,唯一正确的做法是反直觉。如果他顺着回流潜下,在下游浮出水面的就不会是他的尸体,而是他的生命。这对企业处理突发事件和危机很有启发的。

变化是那样的无声无息,明显觉察到变化时,已经晚了。有人做过一个试验,将一只活蹦乱跳的青蛙放进热水里,青蛙马上就跳走了,而把它放进一锅凉水里,它不但不跳出锅,还会悠哉悠哉地藏在水里不愿出来。然后你在锅底烧水,让水慢慢的加热,青蛙毫无反应,好象还感到十分惬意。当水温加到较热的地步时,青蛙还是无反应，可能还认为水是自然热的，但明显感到它不如开始活跃了。等水温达到60多度的时候，青蛙已有气无力。看来他已觉察到了危险，但已无力改变环境，就这样一直被煮死在锅里。

对于企业，对于每个人，悲剧就在于不能发现变化。

那么，我们应该怎样才能发现变化呢？主要要认识到以下几点：

第一点：思维模式的变化。

经济学家凯恩斯说："要注意到开发新念并不困难，难的是从旧的观念中跳出来。"比如，中国企业如何才能跻身到500强企业中？美国CA公司董事长王嘉廉说："我认为最重要的是要打破过去的思维定式和条条框框，要有新的思维。如果你想成为非常成功的公司的话，必须要有全新的思维。这个世界变化太快，我们需要张开双臂，全身心地投入这一时代，学会用不同的思维方式思考问题，在这个充满变化的时代里，我们要以加速度前进。"

如果我们再用传统思维来运作企业，必然会落后于世界潮流，"我们的落后将成为巨大的灾难，这种灾难不仅仅是指金钱上的损失，而且是时间上的丧失，以及所有相关机会的丢失。我们要坚信不拘泥于传统思维框架的企业将会是赢家。最近的信息技术历史表明，传统思维已日落西山，因此突破常规思维的企业将会取得胜利。"

事实上，对于一个企业来说，公司的战略思维首先是定位思维。定位思维即思考并确定公司的竞争地位，它是公司战略经营的要害。为了掌握这一点，我们就需要注意以下两个关键要素：

第一个要素：恰当时机的选择。

首先是一个恰当时机的选择，这就是本文所提到的战略转折点。正如安迪·格鲁夫所讲，有些战略转折点是很清晰的，有些战略转折点得等事情过去若干年以后，你才恍然大悟。在这个问题上，探究中国民营企业的战略转折点需从能力体系和目标体系的互动来思考。它涉及两个方面的问题，一方面是能力体系变化带来的战略转折点，二是由环境引起的目标体系的变化带来的战略转折点。

第二个要素：恰当的目标选择。

其次是恰当的目标选择。企业命运犹如"8"字的书写，"8"字中间的关键点把握的好与坏可以让企业由弱到强，也可以让企业由盛至衰。这个关键点的战略调控要素就是企业的目标体系。它能扭转乾坤，化腐朽为神奇。

而目前给中国企业开的药方基本都是以"世界制造工厂"和"行业竞争优势"的思维在思考。其中一个基本假设就是我们技不如人，其实，从下面的事例我们可以看出跳出技术这个框架去思考中国企业未来的发展模式，我们除了可以用"世界工厂"的优势去角逐世界经济外，在其它很多方面，我们也大有可为之处。

第二点：企业管理模式的转变。

对员工成长性影响最大的是组织，而组织的核心是领导者的队伍，领导者围绕着在完成企业目标的同时，创造员工的价值来工作，是组织存在的目的。企业组织必须从学习型组织和扁平化结构或网络化结构方面发生企业模式的转变，才能使企业成为适应信息企业的要求——成为学习型组织。

可是，企业模式的变革也是要受到阻止的，最主要的一个因素来源于"组织内既定的游戏规则"，"组织变革绝不是组织大小的改变，最重要的是组织文化、企业文化的变革"。

由于市场形势变化迅速，旧的管理模式已经不能与市场发展趋势相协调，所以市场竞争形势要求企业必须开发新的科学管理模式。要制定新的科学管理模式，首先就要消除现有人才管理的旧观念；其次是要消除职务终身制，学历终身制，职称终身制的管理方法；第三是要培养"复合型技术人才"。只有新的科学管理模式才能更好地把握和适应市场变化趋势，这对企业员工来说，可以真正起到挖"潜"激"能"的作用。

第三点：人员的活性化。

将每个人的主观能动性激发出来，使其处于激发状态，富有创造性地处理问题，关键在于打破传统的资源排列和传统的人才使用模式。于是，一位中国著名经济评论家指出："人员的活性化变革对于企业组织中的团队成员有莫大的好处，即变革能提供更好的服务，对组织内的员工及外部顾客而言是一举两得的事情。"

毕竟每个人都有一定能力，只不过有大有小而已，但这些能力能否发挥出来，取决于领导的选拔、培养和使用，也取决于每个人掌握知识的丰富程度和自身的修养，作为企业领导，要有培养创新型人才的意识。有爱才、育才、用才、护才、选才的观念，应该创造条件，让每个员工都有一个发挥才能的一席之地，要使企业成为员工个个都能成才的"熔炉"。

第四点：以人为本的改造。

让一个企业进入一种永久的良好状态，究竟是什么在起关键作用？是企业的文化、营业业绩、企业制度还是其它什么东西？其实，在我们生存的这个世界上，已经没有什么东西可以说是助你取得成功的良药。所以要使企业取得成功的话，总有些非常重要的因素在起作用，那就是人。你看一看我周围的人，是他们给我们的企业带来了希望，因为他们有那种尽心尽力去工作的心，他们确实非常关心周围的人，他们不断地给企业文化注入活力，因此我非常关心周围的人，他们不断地给企业文化注入活力，因此，我非常乐观地相信，中国的企业是可以取得卓越成就的。

其实，早在1998年的时候，我在为用友进行企业文化建设时，他就曾这样说过："用友是一个以人为本的公司，他的领导者已经意识到知识资本已经成为企业成功的关键，只有以整体利益最大化为原则，不断地对企业流程进行审视和改造。才能把每个人提升到整体层面上来看问题，才能使人和企业加快学习速度，才能发展新技能、采取新态度以应付变化多端的世界，否则他们就会陷入困境。在这样的形式下，企业必须营造一种新的组织环境，不断利用知识来整合公司资源，提高人的价值竞争力。人是知识的开发者、利用者和传播者，也是竞争优势的主导者。"

第五点：获取知识资本的素质。

越来越多的人认识到知识不仅仅是从学校获得，知识的获取能力，可以借助电脑网络，借助专家的经验和知识，不断地更新知识；借助学习型组织，不断地传承知识；借助在生活的实践过程，增强市场洞察力，加快反应速度，使知识成为组织体系中的核心部分。但对一个以知识为基础的公司来说，如何发现知识的价值，如何把知识与组织中的各种资源有机组合变成满足客户需求的产品，为客户创造价值就变得非常重要。

从上述分析可以看出，一个企业的成功或许是因为创业者对市场的敏锐把握能力，或许是因为技术和产品上的某一次突破性创新，如此等等，但是这些成功因素一旦固化为企业的成功"配方"，往往会成为其发展的"惯性"陷阱。当环境的急剧变化——新政策的出台、市场需求的变化、新技术的涌现——使已有的成功"配方"失效的时候,"惯性"陷阱会令企业家依旧固守原有的成功"配方",如此下去,不仅会吞噬掉企业创新进取的原动力,甚至可能毁掉整个企业,20世纪90年代以前的IBM公司就是一个很好的例证。这个时候,企业需要的就是打破原有的成功"配方",实施变革。

成长在于变革

在信息社会中,社会对知识与智慧的价值需求将不断增加,而且知识与智慧的价值在社会商品价值生产中所占的比重也将迅速提高。与此同时,从事知识与智慧价值生产的就业人员也将增加,并将出现与之相对应的技术和策略的变化。为此,他给人们提出了一个更高的要求,你的组织使命是应该到了变革的时候了。

我们知道,一个组织的使命包括两个方面的内容:组织哲学和组织宗旨。所谓组织哲学,是指一个组织为其经营活动方式所确立的价值观、信念和行为准则。国际商用机器公司前董事长小托马斯·沃森论述了组织哲学的重要性,他说:"我的论点是,首先,我坚信任何组织为了生存并获得成功,必须树立一套正确的信念,作为它们一切方针和行动的前提。其次,我相信一个公司成功的最主要因素是其成员忠诚地坚持那些信念。最后,我认为如果一个组织在不断变动的世界中遇到挑战，它必须在整个寿命期内随时准备变革它的一切，唯有信念永远不变。"

华森阐述了国际商用机器公司的哲学：

① 尊重个人。这虽然是一个简单的概念，但在我们公司，它却占去了管理者大部分的时间，我们在这方面所作的努力超过了其它任何方面。

② 我们希望在世界上的所有公司中，给予顾客最好的服务。

③ 一个组织应该树立一个信念，即所有工作任务都能以卓越的方式去完成。

所谓组织宗旨，是指规定组织去执行或打算执行的活动，以及现在的或期望的组织类型。明确的组织宗旨，有关键性的作用。没有具体的宗旨，要制定清晰的目标和战略实际上是不可能的。此外，一个组织的宗旨不仅要在创业之初加以明确，而且在遇到困难或繁荣昌盛之时，也必须经常再予确认。

汤塞德把艾维斯汽车租凭公司的宗旨表述为："我们希望成为汽车租贷业中发展最快、利润最多的公司。"这一宗旨规定着艾维斯公司的经营业务，它排除了该公司开设汽车旅馆、航空线和旅行业务的考虑。

当J.D.洛克菲勒想出建立标准石油托拉斯的主意时，他的宗旨是要在炼油业中形成垄断，他不惜采用种种挤垮竞争对手的手段，从而在很大程度上实现了这一宗旨。

规定组织的宗旨是看它与顾客间的关系，在这方面彼特·德鲁克曾有这样的描述："要了解一个企业，必须首先知道它的宗旨，而宗旨是存在于企业自身之外的。事实上，因为工商企业是社会的细胞，其宗旨必须存在于社会之中。企业宗旨的唯一定义是：创造顾客。"

因此，要确定一个组织的宗旨，就得首先确定它现有的和潜在的顾客。在确定现有的顾客时，需要回答下列问题：

（1）谁是顾客？

①顾客分布于何处？

②顾客为何来购买？

③如何去接近顾客？

（2）顾客购买什么？

（3）顾客的价值观是什么（即顾客购买商品时他或她期望得到什么）？

在确定组织的潜在顾客时，需要回答下列问题：

（1）市场发展趋势及市场潜力如何？

（2）随着经济发展，消费风尚的改变，或竞争的推动，市场结构会发生什么样的变化？

（3）何种革新将改变顾客的购买习惯？

（4）目前，顾客的哪些需求还不能靠现有产品和服务得到充分满足？

在决定组织的宗旨时，需要考虑的最后一个问题是：组织的经营业务是否适当？是否应改变其经营业务？

由于组织变革涉及到组织哲学和组织宗旨，所以，中国的企业家就要认识到他们的工作是以知识为基础的，产品的构成，越来越需要了解外部资源和资源的组织，而不以传统的工业模式为基础，而是以新型的组织形式来呈现。

我们已经知道，在传统的企业经营要素中发挥重要作用的设备、厂房等资产由于其包含的知识含量的快速变动和贬值也在相应的贬值，这就要求企业一旦投资于设备之类的"重资产"，就必须在一个较短的周期内发挥其产能尽快变现，否则就只能形成企业的债务负担。就是说，设备之类的重资产所具有的快速贬值、专用性等特点，使得投资于"重资产"不能给企业带来资源上的长期的积累。厂房虽然是一种标准化资产，由于厂房是一种不动产，无法转移，厂房的价值主要不在于其工程造价，而在于其所在的位置所拥有的对某一产业的集聚功能，从而带来生产的便利和生产成本的降低。所以厂房也不能给企业带来资源上的长期的积累。这样看来，企业应该培养具有长期可维持价值的体系。这个体系不再收一些重复性的没有坐的行为构成，而是由个体之间相互交流与合作构成，从而造成了现代企业经营模式的迅速变化，致使企业组织的结构变化也将导致个人与企业的关系发生变化。

我们知道，企业的变革应来自企业内部，由外力推动的变革，当外力消失后变革就可能自行停止。所以，应建立各种激励机制，来为企业的变革提供内在驱动力。

企业的成长最重要的一个条件是系统的开放性，只有公司治理、企业的技术与创新、文化与企业家精神与市场环境相结合，相互作用才能不断的进行制度创新、技术创新与市场创新，形成企业的不竭的创新能动力、竞争力与生命力。

干预企业的成长过程，实质上应由企业内部激发出变革、创新和演化的动力。也就是说，企业在适应市场竞争中筛选出有竞争力的公司治理，领先的创新技术、优秀的企业家与积极的企业文化，从而推动企业的成长与演化。

企业变革可能是近几年来最令业界耳熟能详的话题，许多成功的变革案例也已经被传为佳话。IBM前任CEO郭士纳在IT业井喷初期接手IBM，9年时间，郭士纳奇迹般地使一个连续3年累计亏损已经达到157亿美元的巨型公司变成了年盈利81亿美元的传奇企业，同时成功地将这个巨人从硬件制造商改造为一家以电子商务和服务为主的技术集成商。而相比起来，韩国三星电子集团的变革过程就显得更加大刀阔斧了，以中国市场为例，三星在97年的韩国金融风暴之前一口气关闭了23个销售处并责令7家工厂厉行整顿自负盈亏。在行销战略上，三星果断改变原有的以大众市场为目标的全面出击的方式，有选择性的以密集的广告推广其适销对路的重点产品，并将其主要精力集中在以北京、上海、广州、深圳等十个中国最大最成熟的消费市场上。这一系列措施很快取得了成效：2001年他在中国的销售额达到了18亿美元，2002年更是达到了64亿美元，分别比1998年增长了5倍和20倍。十年前，韩国的三星电子集团还只不过是一个低端市场的半导体供应商，但短短几年间，三星以惊人的速度在国际市场上迅猛发展并成功地实施了战略转型，表现已远超欧美大型科技龙头企业。

大刀阔斧的变革是一把双刃剑，它既可以给企业带来生机，但也可能成为加速组织肌体死亡的催化剂。旭日升集团就是一个例子。从1993年始，旭日升集团通过十几年的发展，做成了一个销售额高达30亿元的饮料巨头。然而，从2001年开始，旭日升集团以人们无法想象的速度滑向了"残阳"，2002年下半年，旭日升集团停止铺货。旭日升败落的客观原因是由于饮料市场内竞争白热化的状况，"冰红茶"的概念被康师傅、统一、可口可乐、岚风、娃哈哈等所模仿，旭日升的市场份额开始迅速缩减，同时企业内部制度和人员的问题也越

第五章 应当怎样变革

来越突出。在内忧外患的情况下，公司领导决定进行大刀阔斧的"三步走"改革。给企业高层大换血，一下引进了30多位高学历的年轻人才；把1000多名原来一线的销售人员安排到生产部门，试图从平面管理向垂直管理转变；把旭日升集团的架构重新划分为五大事业部，跨越了饮料、红酒、茶叶、投资、纺织等多个领域。变革带来的震荡太大了，矛盾不可避免地尖锐起来，也因此企业出现了失控和分裂。

受新常态及供给侧改革、全球化演进速度加快以及"互联网+"热潮三重趋势影响，中国企业在组织与人才方面的转型步伐加快，并面临着变革之路上内忧外患的多重考验。诚然，企业所处环境和自身特点千差万别，但在管控模型、组织设计、人才管理上的痛点及变革原则却有相似之处。中国企业若是能"识变从宜"、"应变有方"，将痛点各个击破，就能先人一步把握转型契机，迎难而上成就新的辉煌。

转型求变之"痛"中国企业在转型之路上普遍面临三大痛点：一、多数中国企业习惯中央集权制度，面对组织规模扩张，无法寻求收与放之间的妥善平衡；二、传统的组织设计使企业面对变化反应迟缓、合作不畅，无法做到以客户为中心，难以及时应对新市场新趋势；三、在人才的"新旧交替"中遭遇吸引保留不力、能力断档、基因传承的挑战。

致胜未来之"道""治理"为"纲"，组织为"弦"，人才为"本"，BCG建议中国企业采取以下致胜之道：掌握总部在财务、人事及业务方面的放权尺度，循序渐进、过程可视、及时反馈结果；借助"精益组织"缩短纵向决策链条，借助"模块化"打通横向部门墙，实现以客户为中心的组织转型；通过引流-赋能-传承，建设人才的战略性转型能力，确保组织永续发展。

大刀阔斧的改革往往能在短期内见效，但是却存在着缺陷。首先，企业家在试图改变一切的同时，往往会摧毁企业原有的核心能力或者优势；其次，剧烈的变革也可能会撕裂历经多年建立起的关系网，致使企业的员工、客户以及合作伙伴摸不清方向，最终弃之而去；另外，大刀阔斧的变革往往会触及公司较大范围内的利益变动，从而制造内部的对抗情绪，致使变革进程遭遇更大的内部阻力。

相比起来，渐进式的变革反而更容易成功。丰田汽车社长张富士夫曾道出自己的经验之谈，"企业的大变革，最重要得选对时间点。但从日常工作的方法中，就可以进行许多小的改善，累积出小的变化与动力，这样的变革对企业反而更重要。"积少成多的变革，最不易遭遇阻力，也最不耗费企业成本，还可化解企业潜在的危机。

就像西方后现代主义者常引用的一个故事，讲的是上帝命令Argonauts乘一条叫Argo的船去完成一个长途旅行，在行使的途中，Argonauts慢慢地置换了船内的每一个部件，所以当船到达目的地的时候已经变成了一条新船，但Argonauts丝毫没有改变它原来的名字和外形。这种置换并不依靠所谓的天才、决心和革命之类的因素，而只是巧妙地置换并维护它旧有的名誉。其结果是，Argo船在没有损坏它的原来身份的情况下得到了新生。

在这方面，毕博管理咨询公司就是一个很好的例子。2002年5月，毕博和安达信正式签署了合并协议。并购案往往会伴随着剧烈的人事变动、组织结构的重大调整，但是毕博并购案却显得安静许多，毕博全面接受了安达信员工和客户。而在文化的整合上，毕博的做法是"不耗费过多时间精力在内部，利用项目推动整合"。任何一个项目小组里都有毕博、安达信的"混合式员工"，通过项目促进彼此的亲近，提升合作的绩效，以实现"外面的工作带动内部的整合"。在众多并购案例中经常发生的"树倒猢狲散"的悲剧没有发生，到2003年12月，当初从安达信到毕博的顾问年流失率低于8%，这个数字甚至低于咨询公司正常的员工流失。

传统管理理论有一个基本假设：企业是一部机器。基于这样一个假设，传统的基本管理策略就是命令与控制。从"企业是一部机器"这一基本假设中，很自然的得出一个结论：企业只不过是一个"工具"。首先，它是一个生产产品和销售产品的工具，第二，它是一个投资者获取利润的工具，同时，它还可能是一个企业领袖人物实现个人目标的工具。在中国计划经济体制下，国有企业是政府的后院作坊，是政府（政党）实现政治目标的工具。一句话，企业没有自己的生命，没有自己的意志，更没有自己的个性，因为，它仅仅是一部"机器"。

这种对企业的"机械性"的理解，是工业革命的副产品之一。工业革命的关键之一是劳动力"分工与再分工"，亚当·密斯使用一家大头针制造厂作为模型，对这一概念进行了理论阐述：在这家工厂里，一道制造工序被分解为一系列简单的步骤，每一个步骤都由一个专职人员来完成。劳动力的"分工与再分工"极大地提高了劳动生产率，劳动生产率的提高推动了企业的快速发展，随之在大型企业组织中出现了管理层的"分工与再分工"，形成了严格的等级制度：判断来自组织的顶层，而行为在底层。中层管理人员的作用是综合来自高层的信息，指导、监督和控制下属人员。逐渐地，不同职能部门分工合作的多单元企业出现了。为了协调不同部门的活动，必须顺序工作和严格定义任务，为此开发出了大量的程序、政策和标准。这种等级制度取得了极大的成功，企业确实像一台机器一样运转起来了，并且以不同的形式平滑的运行了百余年，在解决各种管理问题上被证明是相当有用的。

然而，在它们成功的同时，就已经种下了失败的种子。因为这种管理模式适应的是常规的、稳定的"成批制造"时代。今天，企业所处的环境发生了越来越多的变化，迫使我们越来越多的创新；有了越来越多的创新，我们也将得到更多的变化。这种螺旋形式越来越快地把我们推向未来，这种未来的形势及特征难以想象——自然也难以预测。因此，每一个企业都必须把创新作为自己的一项核心战略，这已经成为企业生存的关键。笔者调查了几家较大规模的机械配件生产企业（有一家是军工企业），这个行业相对来说是较少变化的，或者说是标准化程度较高的，但我仍然发现，现在的产品生命周期越来越短——从几年到几个月；订货批量越来越小——从几千件到几件；客户对开发时间的要求越来越短——不足一个月的开发时间仍难以满足客户的要求。相对于"成批制造"时代，可以说已经开始处于"成批定制"时代，随时要使一件核心产品的20%以上通过再设计以满足不同顾客的要求。在这样一个新时代，传统的严格等级制的管理模式不再适应瞬息万变的客户要求和技术压力时，就需要对组织进行变革。

新组织的萌芽

我们已经知道，在传统的企业经营要素中发挥重要作用的设备、厂房等资产由于其包含的知识含量的快速变动和贬值也在相应的贬值，这就要求企业一旦投资于设备之类的"重资产"，就必须在一个较短的周期内发挥其产能尽快变现，否则就只能形成企业的债务负担。就是说，设备之类的重资产所具有的快速贬值、专用性等特点，使得投资于"重资产"不能给企业带来资源上的长期的积累。厂房虽然是一种标准化资产，由于厂房是一种不动产，无法转移，厂房的价值主要不在于其工程造价，而在于其所在的位置所拥有的对某一产业的集聚功能，从而带来生产的便利和生产成本的降低。所以厂房也不能给企业带来资源上的长期的积累。这样看来，企业应该培养具有长期可维持价值的体系。这个体系不再收一些重复性的没有坐标交叉的行为构成，而是由个体之间相互交流与合作构成，从而造成了现代企业经营模式的迅速变化，致使企业组织的结构变化也将导致个人与企业的关系发生变化。

实事上，组织变革是服从一定战略的，但是，它能够太容易形成自己的势力了。甚至当一种结构已经失去了存在的价值时，它仍会抵制要求它变革或解散的压力。计算机技术的普及并没有改变这种状况，在许多人的心目中，自动化不过是更快速的"机器模式"，从硬件自动化，软件自动化到CIM，起作用的概念仍然是"等级控制"，即使计算机的网络化可能很灵活，作为严格等级制基础的思想仍然有根深蒂固的僵化性。

我们需要的是态度、价值观和规范的转变，我们需要全新的管理观念——突破工业时代的术语对思想限制，重新认识我们身处其间的企业组织。一句话，我们需要进行一场管理的革命。相对于等级控制的传统管理模式，至少需要在基本观念上作如下五个方面的突破：

1. 从"机械性"到"有机性"

抛弃视企业为机器的基本假设，把企业组织看作有生命的有机体。企业不再是供我们随意开动的机器，当然也不再是达到某种目的的工具。"生命有机体"绝不仅仅是一个比喻，它确实有自己的意志，有自己独特的个性。我们必须像对待一个独立生命体一样，精心培育它、教导它，塑造它的观念，激励它的斗志，让他去完成自己独特的使命。在削弱了等级控制之后，还要发展出一套行之有效的精神控制技术。

2. 从"割裂性"到"整体性"

在传统的等级制度中，我们执著地坚守着方块加直线的模式，我们认为，在企业组织结构图上，每一个方块都是属于它上一层的方块，直线显示的是允许的交流通道。许多企业都仔细的定义、划分了管理工作和确定部门规章，希望每个功能都与其它功能紧密配合，就像一个系列性的齿轮组中许许多多相互齿合的齿轮一样。事实上，在大多数企业里，这种等级体系模型不过是存在于组织结构图表中，实际问题事实上很难分解开来由不同层次分别处理的。而且，当每一个功能部门都全神贯注于实行其狭窄定义的部门规章，向外寻求谋取自身利益的时候，很自然，许多对企业极为有用的想法、信息，会掉进夹缝中或被政治手腕的海洋所淹没。

如果我们将企业看成一个活的有机体，必然的推论就是，在有机体中，完全自给、不发生相互作用的实体是不存在的，组织中每一个可分辨的单位都是由更基本的单位构成，同时又是更大的组织单位的组成部分。这种整体性组织的优点在于它能够构建非常复杂的系统，并使之在高效利用资源、对内部和外部的扰动保持高度的弹性、适应所处环境的变化等方面表现出色。在这个有机整体中，每一个组成部分都有一定程度的自主性，都能够在没有上一层组织的协助下，在其所处的特定层次上掌握环境和处理问题。同时也能接受来自上层整体的指导，在某种意义上受上层整体的控制。自主性保证了部分（小的整体）是稳定的，能够在干扰下生存，而对上层整体的服从又确保了更大的整体的有效运转。自组织理论，全息生物学理论，在这样的有机体中都能又很强的可移植性。

3. 从"封闭性"到"开放性"

等级控制管理模式的视野局限于"企业机器"的内部，有机生命体的企业观将管理视野投向企业、供应商、销售商、顾客、顾客的顾客，与他们对话，了解他们的渴望，与他们并行工作，或运用它们的才能联合组成"虚拟企业"，构建一种"开放组织"。

4. 从"片面性"到"全面性"

典型的传统管理模式只控制员工的工作，只看到8小时以内，员工与企业的关系也仅限于以劳动换取报酬。有机生命体企业观念指导下的管理强调创造工作的意义，使全体成员体验到人生的价值，企业给与成员的，不仅仅是经济利益，还有精神利益，不仅有近期利益，还有长期利益,甚至包括终极利益,要把企业建成全体成员的物质和精神家园。在这里,既有理想主义的位置,也不排斥现实主义。所要营造的是一个充满人情味的大磁场,从而吸引一大批为事业忘我拼搏的人,并为他们提供充分发挥潜能的机会。充分发挥工作自身的激励作用,将工作视为最大的激励源泉。

5.从"自立性"到"社会性"

一个人为了使自己能够像人一样活着,活得有意义,就必须对各自的人生进行定义,赋予各自人生的使命:对一个人而言,使命就是支撑你活下去的理由、价值或意义。由于人的内在生命力是天赋的,所以没有人生定义的人,没有使命感的人,苟且偷生的人,糊涂的人也能活下去。但是作为一个组织或企业,一开始就必需确立自己的使命,明确企业存在的价值与理由,以激活组织肌体内在的生命力。

我认为,利润尽管重要,但并不是一个企业存在的全部,它的存在必须有一些更为根本的理由。有机生命体的企业观强调存在于盈利目的背后的核心价值观和理想,用这种价值观和理想引导和激励全体成员。

第五章 应当怎样变革

在变革中找到企业定位

一个企业只有对自己作出正确的定位，才能顺应时代发展潮流，抓住机遇，加速发展，为企业插上腾飞的翅膀，赢得企业的未来，所以说，企业的正确定位决定着企业的兴衰成败，生存才是企业定位的全部意义。

例如，苹果的创新成功首先是战略方面的远见和对产品与服务的精准定位，并且有强烈的征服意识或者海盗精神。

以此对中国企业的启示是，不断增强自身的野心与愿景意识，不断加强对人类未来发展的研究与分析，以远见卓识、全球视野来重新定位自身的产品与服务体系，放弃模仿跟踪"山寨"他人产品的幼稚想法，以持续的改善与大胆的创新，来获得智慧和有机的增长。

这家位于卡菩提诺小镇的企业，还靠着设计和技术方面的精益求精不断拉大与竞争对手的距离。苹果产品的"光洁如镜"和"薄如蝉翼"，凸显了设计在当代产品创新中的重要价值，更说明了创新的驱动力量已经从单纯的技术推动和市场拉动，提升为文化冲动。

苹果深刻地洞察到，当今人类的最大困惑，是缺乏安全感和无时不在的焦虑，因此，必须提供"平静如水"的人机界面来消减人类的精神疾苦。

苹果是一家洋溢关爱之心和人文精神的企业，它的杰出创新脱胎于美国人独特的博雅素养和强烈的人文关怀,证明了当代大学教育进一步强化通识教育的必要性和紧迫性,进一步揭示了企业人才方面的铁律:仅仅依靠拥有狭隘的理工训练和单一的专业知识的人,是无法产生重大的技术创新。中国的大学生、中国的企业家、科技人才必须强化在哲学、文学、美学等方面的修行,特别要提升对芸芸众生的恻隐之心和拳拳关怀。世界上的创新产品多是由具有爱心的企业来完成的。

由此可见,确定企业是个什么类型的企业,作为由人组成、服务于人的组织,企业的自身定位可以从两个方面出发:"是一个什么人组成的企业""是为什么人服务的企业"。从第一个方面出发,企业可以形成创新、效率、速度、成本、强硬、灵活等企业属性,由此回答企业"一个什么样的企业"的命题,从第二个方面出发,企业可以形成生命、满意、快乐、成功、美丽、尊重等客户目标。那么,从第一方面选择一个,从第二方面选择一个,就形成了对企业自身的定位"我是一个采用什么,满足人的什么需要的企业"。对于回答"我是一个什么样的企业"这样的愿景和使命命题,因为涉及到一个非常长的时间跨度,其间产品、技术、模式都可能经历多次的变革,只有趋向于基础和本质,才能真正代表企业在一个长周期中的真实诉求。为此,我曾在《东软迷码》一书中这样指出:

企业发展客观上需要认定方向。企业不能今年朝这个方向走,明年朝那个方向走。企业不能像天上的风筝随风飘摆,也不能像路上的的士招手就停。因为成就一个事业都需要一定时间,所以企业必须有坚定正确的经营方向,否则就很难干成一件大事业。企业功能定位贵在一个"定"字,要下定决心,定了就不要轻易变。

企业客观上需要追求目标。经营方向不等于经营目标,经营目标是朝着经营方向走要达到的那个地方。人人都需要有个奔头,企业也需要有个奔头。企业有了经营目标就有了奔头,有了奔头就有前进动力了。

需要说明的是:企业定位是为了图发展,而不是为了设障碍。如果没有把握就先别定位,如果发现定得不对了、不准了、落后了就得改正。企业功能定位定对了就不能变,定错了就必须变。为此,我想起了海尔集团董事长张瑞敏在沃顿商学院所作的演讲,他在演讲中曾这样阐述道:

我们现在面对的是跨国大公司,他们比我们强大得多。另外我们现在要面对国际规则,挑战非常大。我们这个企业,每天都要问自己三个问题:一是我们企业的目标是什么?第二是我们企业最大的对手是谁?第三是我们经营的对象是谁?过去我们比较好地回答了这三个问题,帮助我们获得昨天的成功。今天我们面对跨国大公司的挑战,我们还是要回答好这三个问题。

我们的目标是什么?其实所有的企业都应该问自己这个问题,因为这是企业的定位和方向。

1984年我到海尔的工厂时,第一件事是借钱发工资。一直借了半年,直至没有人肯借。我们第一个目标是做中国的名牌,首先要提高人的竞争力,因为名牌企业是其员工素质决定的。

我到了工厂以后,定了一个规则,就是"不准在车间随地大小便",当时人的素质之差,是真的会在车间大小便的,我们就是要把人的素质一步步提高。后来我们找出了76台不合格的冰箱,要负责制造的人把名字贴在上面,用大锤子砸了,让他们知道不能做不合格的产品。

我们做到中国的名牌之后，便要做世界名牌。我们出口的策略是"先难后易"，先到最难的美国及欧洲设厂。我们第一次到德国去，经销商说中国产品不够水准，不可能在德国销售。我们建议将四台我们制造的冰箱，与四台德国制的冰箱，都把标签除去，进行测试，结果他们也分不出哪一台是我们做的冰箱。

我们遭受国内、国外的媒体质疑，仍坚定不移，因为我们有创牌的目标。我们到外国设厂面临成本优势质疑，说外国工人的薪水太高，但我们清楚地知道，跨国公司在中国设厂，与你有一样的成本优势，你却无名牌优势，形势就会很危险。中国去年是遭受反倾销投诉最多的国家，这也说明了为什么一定要走出去，海尔的努力也说明了这一切。

海尔现已拥有美国35%的小冰箱和50%酒柜的市场份额。在欧洲透视 Euromonitor 的统计中，按销售收入排名，海尔已成为世界白家电第4名，我们的目标是做到第一位。有人说中国企业做代工OEM更合适，但做不到世界级的代工也非常难，做不到世界级也没出路。

我们最大的对手是谁？明确了目标，挡在目标前的都是对手，如要成为白电第一，当然现在前三名都是，但真正要战胜的最大对手，却是我们自己。为什么？前三名，美国的惠而浦、瑞典的伊莱克斯和日本的松下，都有近百年的历史，实力雄厚。历史不足20年的海尔要赶超，唯一的办法就是创新，创造出核心竞争力。什么是核心竞争力这是争论不休的一个话题。我认为就是获取客户、用户资源的超常能力。这是信息化时代所决定的。先销售再生产，而非先生产再销售，即为客户找产品，而不是为产品找客户，要获取这种能力唯有战胜自我。

我们的经营的对象是谁？当然是商品，但本质是人，因为我们要获取用户的资源，要创造顾客，例如我们在纽约调查，发现大学生的宿舍都很小，所以我们设计了小冰箱，还可以成为一个小桌几，所以一下子就进占了纽约的市场。

我们在五年前改革了我们的流程，先改变组织结构，把金字塔式的直线职能结构，变为扁平化的组织，使信息从纵向变横向流动；其二，改变人际关系，从上下级关系变为市场关系，每个人都是另外一个人的客户；其三，改变分配关系，实行"彻底的成果主义"，每个人的价值体现在他为用户创造的价值之中，而不取决于他的职务。

瑞士洛桑国际管理学院将这个作为教学案例，后收入欧盟的MBA案例库，沃顿商学院的教授几年来也在关注和跟踪其进展。

我们的创新还是遇到很多困难，但我们的目的是让每个人充满活力，而不是机器的附庸，使企业在多变的市场中，能成为顶级企业并基业常青。

从张瑞敏的演讲来看，他让我们认识到了这样一个事实：企业定位就是这样一条真理，它是公司发展的基础，是市场竞争的前提条件。高明的领导者总是给自己的企业有了一个明确的定位，然后制订一个目标，并沿着这个目标迈进。中国的企业要想从创业的那天一直持续发展下去，那就要求创业者需要在一个恰当的时机，围绕一个恰当的目标去系统构建恰当的企业能力体系。这就是说解决中国企业的生存之道就是要求企业者去思考如何在战略转折点重新定位这个问题。

甲壳虫汽车作为第一个以"小"为定位的汽车进入美国，在素来以"大"为尊的美国市场取得了空前成功。糟糕的是大众汽车公司并未珍惜这一"原创"概念,转而推出了一系列大型车,致使市场份额迅速流失。倒是日本汽车发现了这一机会,接过了"小"的定位,成功打入美国市场,至今仍占有市场1/3以上的高份额。大众汽车在20世纪90年代似乎才大梦方醒,重新强化自己在汽车领域中"小"的原创地位,虽然南柯一梦几十年,仍不失为好的策略,市场份额上升得很快。

1971年,金伯利-克拉克(Kimberly-Clark)公司还是一家老旧的、毫无生气的纸业公司,在过去的20年中,其股价下降了36%。在此期间,史密斯率领金伯利-克拉克公司进行了令人叹为观止的转型,将公司定位于消费类纸业的专业公司。随后公司将斯科特纸业公司(Scott Paper)和宝洁公司(P&G)等竞争对手一一挑落马下,公司股票回报率是同期市场平均水平的4.1倍,远远高于惠普、3M、可口可乐和通用电气等老牌公司。

每个企业都可以是不断成长的公司,全看企业经营者如何去界定自己的空间和经营结构。

那么,中国的企业如何去定位呢?公司首脑人物或领导集团的使命感和战略思维,往往是公司发展的核心推动力量。这个力量可能集中在一个人身上,由这个人的战略思维去启动、指挥、协调公司的行为,如董事长、总裁或某个铁腕人物等。这个力量也可能集中于一个领导团队,由这个团队内部的矛盾和协调形成的战略思维去启动、指挥、协调公司的行为,如董事会、总裁办公会或某种铁腕式的决策群体。

不论在什么情况下,外部环境的演进、内部关系的变化或公司目标的调整，总会通过公司内个体的或群体的战略思维表现出来。公司的发展可以看作是公司首脑的更替或是领导集团的更替，但真正起作用的却是卓越的战略思维的更替。公司发展的战略思维主要有定位思维、路径思维、协调思维和持恒思维等方面，而其卓越性就在于超乎竞争对手战略思维的合理性和敏捷性。这种思考主要包括五个方面：

第一个方面：业务领域定位。即在哪个行业从事经营活动。这是公司的大定位，通常在设立公司之前和在进行新的投资之前会得到慎重的考虑。新投资者选择行业的主要依据是该行业的成长趋势、成长速度、平均利润率以及政府对该行业发展的态度。

第二个方面：产品定位。即思考在所选择的行业中生产什么产品、服务于什么顾客、满足什么需求等。每个行业可从事的产品业务很多，选择不同的产品，就形成不同的竞争战略。

第三个方面：发展目标定位，即思考在一个历史阶段中要达到的目的地在什么地方。目标应力求明确，比如到2020年，在某产品类或服务类的竞争中规模有多大、市场占有率有多少、股本收益率或投资利润率有多高等，需要有一个量化的目标定位。

第四个方面：出发点定位。即思考公司现实的出发点在什么地方。对于这个竞争原点，有的公司清楚，有的公司不清楚，或者只有感觉没有确切的把握。

第五个方面：资源、能力和知识的定位。即思考公司的资源、能力、知识潜力与竞争者的相对强弱。

实际上，近些年来有一些企业正是完全体会了企业定位的重要作用，他们每遇到一个关键转折点都重新思考企业的核心竞争力和定义自己的业务，例如迪士尼、维珍和玛莎、斯图尔特等跨国企业。迪士

优秀企业的精神灵魂

尼原本只是一家制作卡通短片的公司，但是它通过将自己重新定位在为儿童提供娱乐的公司，开发了主体公园，生产儿童玩具和用品，制作电影，成为了娱乐业的巨无霸。这正如张其金所说："如果一个公司能够对自己的发展作出正确的定位，那么他就能够在竞争中脱颖而出，但需要注意的是，在这家公司一旦达到某个高度，就必须重新思考。只有进行重新思考，才能促使这家企业在某个领域里成为了领导者以后，重新挑战原有的产品和服务，用更加高和广的视角来定义企业的业务。"

第六章
优秀企业的创新观

建设创新型企业，需要有创新型的企业管理者。特别是作为企业的高层主管人员，一定要重视创新，而创新的前提就是敢想敢做。

创新无止境

创新是永无止境的，人的幸福的实现就是一个不断发展、不断创新的过程。人的可贵之处在于创新性的思维。一个想有所作为的人只有通过有所创造，才能为人类做出自己的贡献，才能体会到人生的真正价值和真正幸福。创新思维在实践中的成功。更可以使人享受到人的最大幸福，并激励人们以更大的热情去从事创造性实践。创新思维的核心是创新突破，而不是过去的再现重复。它没有成功的经验可借鉴，没有有效的方法可套用，它是在没有前人思维痕迹的路线上去努力探索。因此，创新思维的结果不能保证每次都取得成功，有时可能毫无成效，有时可能得出错误的结论。这就是它的风险。但是，无论它取得什么样的结果，都具有重要的认识论和方法论的意义。因为即使它不成功，也向人们提供了以后少走弯路的教训。个人为了取得未来的成功，总是要探索前人没有运用过的思维方法，寻求没有先例的办法和措施去分析认识事物，从而获得新的认识和方法，锻炼和提高个人的认识能力。

谈到这里，我们突然想起了《伊索寓言》里的一个小故事：一个暴风雨的日子，有一个穷人到富人家讨饭。"滚开"，仆人说，"不要来打搅我们。"穷人说："只要让我进去，在你们的火炉上烤干衣服就行了。"仆人以为这不需要花费什么，就让他进去了。这个可怜人，这时请求厨娘给他一个小锅，以便他"煮点石头汤喝"。"石头汤？"厨娘说，"我想看看人怎样能用石头做成汤。"于是她就答应了。穷人于是到路上拣了块石头洗净后放在里面煮。"可是，你总得放点盐吧。"厨娘说，她给他一些盐，后来给了豌豆、薄荷、香菜。最后，又把能够收拾到的肉末都扔在汤里。

当然，你也许能猜到，这个可怜人后来把石头捞出来扔回路上，美美地喝了一锅肉汤。如果这个穷人对仆人说："行行好吧！请给我一锅肉汤。"会得到什么结果呢？因此，这个寓言给我们的启示是："坚持下去，方法正确，敢于创新，就能成功。"个人本应该在每天的生活中保持那种创新的感觉，如果没有保持，原因在哪里？必须找到原因，解决这原因，目的只有一个，那就是，保持创新的感觉会使人走向成功。世界上因创新而获成功的人不胜枚举。

有一次我们访问北加利福尼亚，竟然得到了一些对领导者很重要的启迪。当我们考察Nendocino海岸时，我们捡到一本描绘海岸线上一些特别景色的小册子。小册子开头印着这样一句敬语："在海上永远不要回头。"为什么不能转身看看陆地上的城镇？因为当你转身回顾时，凶猛的海浪会接踵而来，大海有那么多不可预测的波涛。这条警语对远航者和领导者有着同样的启迪和教益。当你将视线从外部的现实移开，只看到组织内部的情况，只欣赏你自己组织的美丽时，你也许会被变化之流所卷落。

你必须一直审视外部现实。当然，创新需要内部洞察力，即理解事物内部特性的能力，但也需要更敏锐的外部洞察力。敞开胸怀去接受外部世界，这样，想法和信息能自由地进入组织中来。这是人们能够获知身边发生什么事情的唯一途径。外部观察力和内部观察力就好似兄弟，没有外部观察力就没有创新。如果没有外部观察力而只有内部观察力，就像戴着眼罩看东西，不能看到全貌。

我们在来看看，Intuit公司是如何成为全球唯一一家多次打败微软的软件公司（其软件比微软个人理财旗舰品牌的销售多5倍）。Intuit公司是如何在有限的预算和资源的压力下年复一年地击败微软的呢？答案就是该公司非常注重从外部资源中获取想法。在这里，我就就把这种想法称之为"客户导向的创新"。举例来说，瑞士手表行业过去每年都要举行一次精确计时大赛。全球手表业者视其为最光荣的盛会，获奖的标准是参赛手表计时的精确度。通常，瑞士总是囊括一切奖牌。然而，在1968年，日本计划将新开发出的石英表大量推出时，瑞士人了解到此种表的精确程度后，即暂停了此项大赛，而且再也没有举办过。1968年可以说是手表制造历史的转折点。它象征着瑞士独霸表坛的时代已经结束。虽然瑞士人早就知道电子的计时能力，但在稳居世界表坛老大的心态下，认为石英表只能流行一时而无法久存。然而电子表却迅速地横扫全世界。精工表带头冲锋陷阵。其实精工表的成功之处就在于它的技术创新。石英技术刚出现，精工公司就把这种科技引进到制表业，凭借技术独特，创造市场需求，取得了巨大成功。

同样地，"客户导向的创新是Intuit公司竞争优势的主要来源。"该公司的一位负责人说，"它根植于我们的运营中，成为我们结构的一部分——它是我们的经营方式，而非一个待以完成的研究项目或者任务。它是从上到下贯穿于组织之中的。"这位负责人是公司合伙人——前任CEO、现任执行委员会主席——斯科特·为克就是该哲学思想的具体实施者。

斯科特坚持，公司里的每个雇员——从他自己到门卫，都要在"客户沟通"上花时间。在一个产品投放市场后，每个雇员最少要花8小时去打电话倾听客户的意见。而且，"跟我回家"项目中，我们的开发人员到购买者的家里拜访，看他们购买后如何使用我们的软件。我曾在CompusA的商店过道，询问那些买我们产品的顾客谁愿意成为我们的研究志愿者。在航班上，斯科特会与乘客们谈论我们的产品，并给我带回一些有想法意见的便条。他不断会有这样的便条给我。

如果想像Intuit公司那样富于创新、有竞争力，就要打破边界障碍，对其它人的意见看法感兴趣。要看得进、听得进新想法，善于接受广泛意见。甩掉组织用于自我封闭的外衣，从公司外部倾听、考虑、接受一些新想法。

杰夫·艾伦在北迈阿密海滩开了家饭店专营棕榈滩菜肴，并屡获殊荣。艾伦似乎能无穷无尽地采用非传统的技术跟上市场潮流的步伐。例如，有一次他开展了一项名为"现尝"的活动，艾伦给侍应生和厨师每人50美元去与自己的饭店经营相近菜式的饭店吃饭。员工们回来后都要将自己的感悟以书面和口头的形式向他作简短的汇报。

一个厨师汇报说，他品尝了一家竞争对手的饭菜，却失望地发现精致的饭菜送上来的时候都是凉的，结果他就投箸不食了。几乎所有的员工都参与了这次尝试。艾伦说："他们都嘲笑小错误，认为自己不会犯。"毫无疑问，他们会加倍小心去把饭菜加热才送上餐桌，还有其它成百上千的细节最终造就了这家饭店真正的高质量。

追求卓越的领导者应敞开心胸接受来自任何人和任何地方的意见。领导者经常用他们对外部事物的观察力去考察技术、政治、经济、人口状况、艺术、宗教和社会等前景，猜寻新想法。卓越的领导者面对变化袭来时不会措手不及，因为他们从不回避组织外发生的事。他们做好了猎寻机会的准备，强调组织环境的持续改变。他们不仅能赶上变化的潮流，还能掀起变革的浪潮，引领其它人跟从。

不断改进

"日新又新"不是不要创新、变革，而是通过日积月累不断改变实现进步，从而达到创新的目的。研究海尔，有种非常有意思的现象，海尔在产品、企业文化上总是在不断变化。十几年时间，公司的名称从青岛电器厂、青岛电冰箱厂、利勃海尔，再改名为海尔。有许多媒体朋友对我说，海尔每年都要在主要产品上出新点子，变新花样，甚至"创造"出空调"光触媒"之类的新名词，取悦消费者。

作为全球最大的空调企业，格力电器如何在互联网时代再度成为世界第一，董明珠有自己的思考，"这个时代对我们有创新意愿的企业，有梦想的企业，如虎添翼"。

实际上，这已经不是董明珠如此直白地回应关于"互联网+"的问题。早在去年，一向心直口快的董明珠语出惊人："没有先进制造业，互联网就是空中楼阁；没有互联网，制造业也会明珠暗淡。"这些言论在当时一度成为媒体争相报道的焦点。

在广东省推进"互联网+"工作会议上，董明珠对互联网又有了更新的观点，她用"变革"、"创新"、"挑战"来形容互联网时代。

而在这样的时代，她思考更多的是，什么才是企业发展的关键，如何才能应用好互联网？

"创新！"这是董明珠多年来笃定的坚持，这一次她仍然给出同样的答案。为什么董明珠对创新寄予如此高的期盼？

这些年，格力人埋头创新，将一个年销售两万台空调的中小企业，做成了年销售6000多万台的世界空调业产销"巨无霸"，并大步挺进世界五百强。无论是光伏离心机、磁悬浮离心机等13项获得"国际领先"水平的产品，还是代表着在自动化装备方面取得重大突破的智能机器人，格力都赢得了世界同行和业内专家的认可。现在看来，似乎不难理解董明珠为何坚持甚至有些"固执"地强调"创新"了，在她看来，"掌握核心技术，掌握自主研发的能力，才能堪称为世界一流的企业"。而她带领的格力正是在这种信念和坚持下日益壮大。

在互联网时代，创新仍然是格力的灵魂，是格力腾飞的翅膀，所以董明珠才底气十足地说，"只要有创新的能力，无论采用什么样的模式，你都能成功"。

而关于互联网的运用，格力已经悄悄的全面行动起来，并取得了相当可观的成果。格力除了在智能家居、企业内部管理的各个环节及售后服务方面广泛运用互联网之外，它还积极布局智能制造，成立了智能装备公司，不仅能够生产机器人，还能制造加工设备和模具，为整个自动化和智能化提供生产线，促进工业数字化、网络化、智能化发展。可以说，格力正在享受着互联网技术和互联网经济所带来的红利。

由此看来，"互联网与制造业进一步融合、深化"已成为董明珠带领格力发展的思路和方向。可以预见，互联网时代对格力这种注重创新的企业如虎添翼。但对于格力来说，归根结底，创新才是核心竞争力，才能为企业装上永动机，使其稳步前行、永不止步。

在海尔历史上也有突变。如历史上的两大著名案例：一是砸冰箱与破旧观念，建立全新的质量意识；二是海尔文化激活"休克鱼"。张瑞敏正是通过这两件不同的事件，促进企业改变，并通过不断改变，达到企业变革的目的的。

万向企业也是如此。从最开始修理拖拉机，到生产汽车万向节，经历了大约20年时间。

改变的方式有两种：一种是革命，一种是改良。

革命和改良都是一种创新。企业需要不断改变，这样它才有活力。一个能不断奉献新意的人会觉得自己充满活力和有着旺盛的生命力，对一个企业来说也同样如此。企业要生存和发展就必须有活力，而改变可以说是企业充满活力的灵魂。

福特汽车公司于1913年创造并首先采用流水线作业，使大批量生产得以实现，生产成本大大下降。由于"T"型车的生产和热销，使它一跃成为汽车工业的世界巨头。但是，福特第一次败走麦城也在这里。在福特位居汽车工业的龙头老大地位时，它的对手们(29家汽车公司)联合起来向它展开进攻。它们在内部推行专业化、制度化管理的同时，采用了多品牌、多品种的产品特色化策略，先后推出多款车型。但亨利·福特根本不以为然，每次通用汽车公司推出一个新型号，福特就以降价来应对。从1920～1924年，共降价八次，长期的降价经营使福特公司利润率已经很低，在继续降价余地很小的情况下，T型福特车走到了尽头，进入长期亏损的阶段。

眼看着通用汽车一点一点地蚕食福特的汽车市场，福特公司内许多人都非常着急，希望亨利·福特能够及时调整策略，按顾客需求改进生产，重新设计产品，但是这些合理建议都遭到老福特的拒绝。实际上，按当时福特汽车公司的雄厚基础，要回应通用等竞争者的挑战并非难事，只需在生产流程、组织设计、产品观念做相应的调整，就可以继续保持老大的地位。但是，这对于把流水线视为最高理想境界的亨利·福特来说，是绝对不愿意看到的。亨利·福特的理念是在产品的制造环节上追求最高效率，面对出现的多样化问题，他只寄希望在现在固定的框架下去解决。为此，福特拒绝了一切试图改善T型车的建议。

此后近30年中，任何对福特车型提改革建议的人都在福特石墙一样的顽固面前碰了壁。其结果是福特车的销售额不断下降，福特帝国不断崩塌，有才华的人们纷纷离去。到1946年，福特公司的亏损已达到每月1000万美元。

麦当劳在经营方式上的改变，是由公司创始人克罗克于20世纪50年代起推广标准的快餐服务开始的。这改变了几代人的饮食文化，引导了餐饮业的革命。微软公司在产品开发上持续改变，不断推出的"视窗"系列电脑软件，变革着人们的工作方式、学习方式和生活方式，从而成为通往"未来之路"上的领先快车，也赚取着巨额利润。

"日新又新"是在企业经营上的适应。

我们总在说，世界上没有永远的产品也没有永远的市场，正是这"两个没有"，才迫使企业不断改变、不断进步。

宝洁公司是世界上第一家提供"800消费者免费服务电话"的消费产品公司。宝洁公司回复顾客的每一个电话，并把每个月的电话内容记录下来，以便于提到会议上去讲。知其详情的人指出，该公司改良产品的构想，主要源于这个"800消费者免费服务电话"。同样，凡是能改变已有资源创造财富的潜力的行为就是创新行为。

我曾经为一些世界500强企业服务过，其中COSCO是一家从事国际运输的公司，在中国市场上排名第一、全球排名第三。世界海运是个已经发展了500年、比较成熟的行业，如果没有新的技术注入，由于公路、航空运输的发展，这个行业肯定要逐步走向萎缩。上个世纪中期，美国人发明了集装箱运输。集装箱运输就是将卡车车身从轮子上卸下来，放置于货运轮船上，其实，这个点子并没有多少新的技术含量在里面。这个"创新"——集装箱——根本不是脱胎于科技，而只是根源于一种将"货运轮船"视为物料装卸设备而非"船"的新概念，这个要领意味着真正重要的是使在港口停泊的时间尽可能缩短。但是这个貌似平凡的创新却使远洋货船的效率提高了四倍，并因此拯救了海运业。没有它，世界贸易近40年来的巨幅增长——在任何主要经济活动中都创下了最快的增长记录——就不可能发生。

在19世纪初期，市场上有许多收割机，但由于农民没有能力购买，这些农业机械很难销售。于是，联合收割机发明者麦克科密克(Cyrus McCormick)创造了分期付款制度。这种方式使得农民能够以未来的收入来购买收割机，而不是仅仅靠过去菲薄的储蓄——于是，一夜之间，农民就有了购买农机具的能力。

分期付款制改变了经济活动的方式，任何领域只需引进分期付款制，它就能将经济从供应驱动型转变为需求驱动型，而无论该领域的生产水平如何。

创新在于能够关注细节

我年轻时曾热衷于搞文学创作，并到处拜师求教。多年后回忆起来，记忆最深的是文学创作要有细节。没有细节，就没有文学创作。

欧洲有句谚语："魔鬼藏在细节之中。"

为什么细节会成为魔鬼的栖身之地呢？因为人们在工作和生活当中，经常会忽略了细节的存在，从而让魔鬼有机可乘。试想"创新"这个在企业界非常时髦的概念，又何尝不是存在于细节之中呢？"每天进步1%"，"苟日新，日日新，又日新"和六西格玛，都强调了"毋以善小而不为"这种一点一滴勤于积累的方式。

企业的生命也存在于细节之中。

在我们许多人的观念里，创新是始于宏伟的目标、终于备受瞩目的结果，而细节反而成了制约创新的"魔鬼"。其实，细节是创新之源，要想获得创新，就必须要明白"不积细流，无以成江海，不积跬步，无以至千里"的道理。

一些企业在寻求改进时，不管是技术上的改进还是管理上的改进，习惯于贪大求全，却很少有"于细微处见精神"的细心和耐心。

海尔CEO张瑞敏在谈到企业创新时深有体会地说："创新不等于高新，创新存在于企业的每一个细节之中。"

事实上，海尔集团在细节上创新的案例可谓数不胜数，仅公司内以员工命名的小发明和小创造每年就有几十项之多，如"云燕镜子"、"晓玲扳手"、"启明焊枪"、"秀凤冲头"等等，并且这些创新已在企业的生产、技术等方面发挥出越来越明显的作用。

日本丰田公司的经验也证明，通过细节的创新可能实现对整个企业的持续不断的改善，从而获得巨大的成效。虽然每个细节看上去都很小，但是这儿一个小变化，那儿一个小改进，则可以创造出完全不同的产品和服务。如果说创新是一种"质变"，那么这种"质变"经过细节的"量变"的积累，就自然会达成大的变革和创新。而且这种"质变"是简单的，让人一看就懂：原来是这样，我怎么没有想到。

彼得·杜拉克曾讲道："行之有效的创新在一开始可能并不起眼。"而这不起眼的细节，往往就会造就创新的灵感，从而能让一件简单的事物有一次超常规的突破。杜拉克认为，创新不是那种浮夸的东西，它要做的只是某件具体的事。企业要真正达到推陈出新、革故鼎新的目的，就必须要做好"成也细节，败也细节"的思想准备。否则，所谓的创新只能是一句空话。所以，创新不一定是"以大为美"，绝不能轻视企业活动中的既不相同却又相互关联的每一个细节。

成功的企业家都是关注细节的高手。

不少公司在谈到管理时往往会大谈制定了多少规章制度、有什么工作流程、工作手册有多么全面，但是他们却往往会忽视管理的精髓，即管理对细节的量化。例如，我们经常在各种服务场合看到某个单位挂出的一个标语——"微笑服务"。但到底怎样的笑称为微笑？沃尔玛规定：面对顾客要常露微笑，后面写的注释是"露出八颗牙"——量化细节，露出八颗牙就是真的在笑了。麦当劳对每一个流程都量化细节，连炸薯条、制作牛肉汉堡都有详细的规定。麦当劳规定：牛肉饼烤出20分钟，没有卖掉就要扔掉，这就是细节。

与顶新国际接触，有一个细节很有意思：顶新集团所有的电话接通后三分钟会自动断线。我专门问过顶新高层管理人员：你们这样一个大公司，至于这样吗？他告诉我，这用起来的确比较麻烦，但时间一长，员工自然养成讲短话的习惯。从这个角度看，就不是几个电话费问题，而是整体提高了企业效率。要知道，我们的利润是一分钱、一分钱赚的。

这就是细节的力量。

感受创新的力量

美国总统林肯说："创新是力量、自由及幸福的源泉。"英国著名哲学家罗素把创新看成是"快乐的生活"，"一种根本的快乐"。前苏联教育家霍姆林斯基认为，创新是生活的最大乐趣，幸福寓于创新之中，他在《致儿子的信》中写道："什么是生活的最大乐趣？我认为，这种乐趣寓于与艺术相似的创新性劳动之中，寓于创新性思维之中，如果你热爱生活，你就不能不体验这让人心跳的感觉。"在一个人未来的人生道路上，记住这句话并永远拥有创新这座上帝赐给人的城堡，将给你带来巨大的财富。

只需阅读每周新闻杂志的封面故事，你就可以知道，巨大的变化在影响着人们的家庭生活和工作。旧的规则正在被那些还不太确定的新规则所取代。最近关于创新源泉的研究清晰表明，最具破坏性和毁灭性的创新会给甚至最好的公司带来浩劫。

引领创新潮流是领导者对此唯一有效的反应。当然，他们不能落伍。那么，这些产品、注重、服务上的新想法是从哪里来的呢？研究表明，创新的源泉无处不在。根据一个对全球CEO们的放映机，创新想法最重要来源中有三分之二是来源于组织之处。它们有时来自客户，有时来自领导者，有时来自供应商，有时来自研发实验室。这可能不是一个非常令人满意的答案，但这是唯一合理的解释。然而，如果创新之源无处不在，我们又应该从中吸取哪些教训呢？可能最为重要的是：领导者必须时刻倾听周围的一切，搜寻那些哪怕是最模糊、最微弱的即将到来的新事物的信号。这意味着领导者要磨炼观察力，即观察外部事物的能力，同时要帮助下属发展这种能力。

如果领导者想考察是否需要变革，他们必须运用他们对于外部事物的观察力。他们必须对外部的现实保持敏感，特别是在这个网络化、全球化的世界。他们必须走出去与自己追随者进行沟通，当然也可能是市民、客户、雇员、股东、学生、供应商、卖主、商业伙伴、经理，或只是有利害关系的党团。他们必须学会倾听——无论是当面，通过电话、电子邮件或网站——并保持联系。

迈克·普利斯是海湾信用服务公司的CEO，他依据其第一手的经验，认为领导者必须从外中获得新的想法。"有时你无法预测变化会从哪里来，"他说，"如果你想捕捉到一点变化的征兆，你必须睁大眼睛。"他预测他的公司可能成为一个近400万美元收入的代收欠款公司，但他发现自己最大的客户，一家食品零售商，给公司带来了近四分之一的收入,该客户的生意预计不太可能增长。因此,如果继续和这一客户维持现状,继续以现有的商业模式运行,自己公司发展就很有限。要解决这个本质上是由主要客户的状况所引发的问题,迈克认识到,他们需要把公司从一个代收欠款的机构转变成一个更大的机构,要从事更普通的客户服务业务。这意味着要终止和这个最大客户的合同。要变革就要放弃一些资源,这是唯一途径。这一变革不是没有风险的,但在公司变成客服中心后的两年里,收将近翻了5番。

在凯旋工公司工作的凯思琳·威尔逊·霍则非常理解迈克的做法。她告诉我们,她常常感到很惊奇,成功的创意无处不在,即便在履行日常职责时也会产生成功想法。她举了一个例子,就是她在Kikkoman酱油推广活动时的事情。

"我拿到了一个预算庞大的项目,地方知名厨师将利用食品店里的产品进行厨艺表演,同时也发放免费样品。这些推广活动很传统,就是在目标群体购物的时候对其进行推广。但是在举行了几场推广之后,我发现经常会剩下很多样品。与举办这一活动的其它所有花销相比,这些样品的成本是微不足道的。因此,在某次推广之后,我们就在在商店所在的更大的区分发剩下的样品。结果,与其它几次推广活动相比,这次推广活动的优惠券回收率最高。

这个经历使我们产生新的想法:把推广活动转移到更大的、交通更繁忙的地区,而不是仅限于单独一个商店。我们花了大量时间去实现这一想法,结果是优惠券回收率提高了,总体销售量比在其它商店举办推广活动要高得多。人真的无法预知灵感会源自何处。"

日本索尼公司的成功,靠的就是不断的产品创新和开发新技术。索尼公司的总经理井深说:"我们的主要任务是新产品开发。"说一千道一万，用了这么多篇幅探讨创新，面对索尼公司如此之多的世界第一，你又有何感想呢！

那么，如何甄别创新产品？产品创新，主要源于创意。取得足够的创意之后，要对这些创意加以评估，研究其可行性，并挑选出可行性较高的创意，这就是创意甄别。创意甄别，目的就是淘汰那些不可行或可行性较低的创意，使公司有限的资源集中于成功机会较大的创意上。在甄别创意阶段，企业要避免两种过失。"误弃"，即公司未认识该创意的发展潜力而将其放弃。造成这种结果的原因，一是思想太保守，二是没有统一的评价标准。"误用"，即公司将一个没有发展前途的创意付诸实施并投放市场，由此造成产品失败。不论是"误弃"，还是"误用"，都会给企业带来损失，因此，在甄别创意时必须切实注意。甄别创意时，一般要考虑两个因素：一是该创意是否与企业的战略目标相适应，表现为利润目标、销售目标、增长目标、形象目标等几个方面；二是企业有无足够的能力开发这种创意。这些能力表现为资金能力、技术能力、人力资源能力、销售能力等。新产品成功地进入市场所必备的条件，如公司信誉、市场营销、研究与开发、人员、财务、生产、位置和设备、采购和供应等。经过甄别后保留下来的产品创意还要进一步发展成为产品概念，即企业从消费者的角度对这种创意所做的详尽的描述。例如一块表，从消费者的心理出发，在外型、价格、准确性、是否保修、适合什么样的人使用等方面把这个产品的创意发展为产品概念。

确定最佳产品概念，进行产品和品牌的市场定位后，就应当对产品概念进行试验。所谓产品概念试验，就是用文字、图画描述或者用实物将产品概念展示于一群目标顾客面前，观察他们的反应。一般地,通过产品概念试验要搞清这样几个问题:产品概念的描述是否清楚易懂?消费者能否明显发现该产品的突出优点?在同类产品中,消费者是否偏爱本产品?顾客购买这种产品的可能性有多大?是否愿意放弃现有产品而购买这种新产品?本产品是否能满足目标顾客的真正需要?在产品的各种性能上,有什么可改进的地方?购买该产品的频率是多少?谁将购买这种产品?目标顾客对该产品的价格做何反应?通过这些方面的了解,企业可以更好地选择和完善产品概念,达到甄别自己创新产品的目的。

提起"Coca-Cola可口可乐"(上面已经提及),世人并不陌生。您无论走到世界哪个角落,都能发现那令人过目不忘的Coca-Cola标准字体、白色水线和红底色的精美图案标志。众所周知,可乐是一种清凉饮料,而在可乐世界独占鳌头的当首推美国的可口可乐。它自1916年问世以来,畅销全世界206个国家和地区。这些地方,每天都要喝掉亿瓶可口可乐,进入上世纪年代,可口可乐人付出的不少。或许人们会问,难道你们公司有什么奥秘吗?是什么原因使得成份都是水的饮料,能让全世界消费者青睐呢?

说起来您也许不相信,可口可乐的前身只是一种治头疼的药水,一次,一名店员偶然错把苏打水兑入这种药水,但病人服后却连连称赞。就这样,最原始的可口可乐诞生了。万事开头难,开始的时候,由于可乐公司只是一味宣传可口可乐的药用功能,使得销售进展十分缓慢。其中有两个原因:第一,顾客对公司及产品的整体印象模糊不清。为了彻底改变这种状态,公司合伙人之一罗兰·鲁宾逊先生创造了沿用至今的可口可乐名字和商标图案,用红色作底,在名字左右两侧画上白色水波纹,表示是清凉饮料,把原来的Coca-Kola中的K换成

C，鲁宾逊先生并亲笔写下了Coca-Cola的标准字体。1916年，公司开始使用与众不同的专用瓶。从此，有了商标、专用瓶和保密配方的可口可乐开始正式进入市场。

伍德鲁夫——可乐公司的第二任董事长，他上任后第一个惊人的设想，就要"要让全世界的人都喝可口可乐"；也就是他，使可口可乐真正成为一种国际性的饮料。伍德鲁夫为了实现那具有战略意义的设想，他采取了两个有效措施。第一，利用军队士兵进行义务宣传。在第二次世界大战期间，可口可乐作为一种军需饮品登上欧洲大陆，专供军队饮用。这样，大批部队官兵就成为可口可乐的义务宣传员。由于官兵的义务宣传，可口可乐的名字不费吹灰之力打开了英国、法国、瑞士、荷兰、意大利等国家的一个又一个市场。第二，在国外设立分公司。主要做法是：在当地设立公司，所有员工都雇用当地人，除了可口可乐的"秘密配方"浓缩汁以外，一切资金、设备、材料、运输、销售等都由当地人自筹、自制、自办。为维护公司形象，总公司统一负责制定销售方针、人员培训以及提供技术服务。据战后25年统计，可口可乐公司除了在本国的发展和收入外，单靠批发仅占饮料重量0.31%的原料，每年的经营总额就高达9.79亿美元，纯利接近1.5亿美元。终于，可口可乐成为全世界销量第一的软饮料。

1981年，50岁的戈兹达继任公司董事长，他上任后的第一件大事是继续完成前任董事长的宏伟大业，把可口可乐打进了拥有世界第一人口大国的中国市场。再就是成功地收购了享有盛名美国哥伦比亚电影公司。对于这件事，许多新闻界人士大惑不解，最后戈兹达先生一语道破玄机："哥伦比亚是世界上最大的电子电影公司，它是传播文化的理想场所，要让每一位观众，在观看电影时，也喝着可口可乐。"原来，戈兹达先生是在培养一种企业文化。

　　1985年，公司为了适应日益激烈的市场竞争，把原有的可口可乐改为"古典可乐"，同时推出一种"新可乐"。这对于一家企业来讲其实是一件很合理的事情，别人无可非议，但在"可口可乐"已成为一种"文化"的美国，却引起了轩然大波。老顾客纷纷打来电话表示不满，有的甚至登门提出责难。此事被百事可乐公司知道后，大喜过望，他们一方面煽动顾客的不满情绪，另一方面，在自己的广告中，指名道姓地指责、贬低可口可乐。对于外界各方面的攻击，戈兹达先生在一片抗议声中，不冷不热地抛出一句话："我们的做法是否正确？需要假以时日，广大消费者来做结论。"年终岁末，可乐公司在几家报刊发表了一则新闻，自愿公布1985年的销售额为80亿美元，比1984年增长15%，其中得力于"新可乐"甚多。戈兹达先生确是一位商场"老将"，他的估计没有错，人们对一种商品的认识，往往是重舆论、重数字、重商品的质量，这一场宣传战，公司花钱不多，费事不大，终获全胜。

　　多年来，可口可乐公司极力开展宣传活动，积极树立公司形象，并且对世界上最大的体育盛会——奥林匹克运动会上大力赞助，越来越为可口可乐成为世界著名饮料奠定了坚实的基础。现如今，可口可乐已经成为美国的一种象征，可口可乐成功，应归功于可乐人的别出心裁的广告宣传。可口可乐对于"世界第一名饮"的称誉受之无愧！

加强创新管理

作为一个管理者,还应加强对公司的创新管理;作为一个领导者,应身先士卒,敢于创新、克服惰性,具有创新意识,能够以自己充满活力的创新精神去影响、感染公司的员工。如果注意观察一些成功的企业,你会发现正是由于一位具有开拓创新精神的领导才带出了一批具有开拓创新精神的员工,同时也为企业带来了生机和活力,振奋了整个公司的精神。重视和支持革新、创新人才。正是由于创新人才的存在,你的企业才得以生存和发展。丢失了他们犹如人体的脊髓发生了病变而失去造血功能,其生命期也就屈指可数了。由于创新本身的风险性和艰巨性,创新人才更需要你的支持和保护。即使创新失败,你所要做的不是去责怪,而是鼓励,要容忍失败。如果大发雷霆,也许就扼杀了一个创新人才,毁灭了一次机会。

创造良好的物质和组织条件去为创新服务。这主要包括:提供创新必备的资金;提供良好的情报资料和仪器设备;创造宽松的组织环境,下放必要的权力,使创新有较大的自决权;加强员工的培训;组织一支善于创新的队伍,激发创新。创新应涉及到企业管理的方方面面。创新会使你拥有独特的品质,也就会使你拥有独一无二的竞争实力,能避免通过后天的激烈竞争去和对手交战,甚至把别人远远地抛在后面。当别人为抢夺某个市场争得头破血流时,你却能"轻舟已过万重山"。

管理创新,还要注意掌握科学的创新方法:

创新方法之一:问题编目法。问题编目创新法,是近几年研究出来的一种产生新产品设想的方法,它的基本思想是:对消费者来说,使其已知的产品同所提问题发生关联,比针对一个想像中的假定产品去找问题要来得容易。要解决其问题的通用办法,一般都是颇为有限的。它的基本做法是:给消费者提出一张问题表,所提的问题都是消费者日常生活中密切相关从而十分熟悉的一类产品,如食品、服装、化妆品等,要求他们对表列出针对某一类产品的特定问题,结合自己熟悉产品的性能、爱好、使用习惯和新的要求联系起来,从而诱发出新产品的设想。

创新方法之二:特性列表法。特性列表创新法,是一种周密地寻找设想的方法,它要求把现有的产品或某一项目、某一问题的特性,如产品的结构、形状、参数、成分等列在一张表内,将表作为指引方向和启发思想的一种手段,引导人们从各自不同的观点,各个不同的角度来观察这些特性,按照各自的想法和要求逐一修改这些特性,直到出现新的特性组合为止。这种新的特性组合将是能更好地满足需要的新的组合。特性列表法的好处,在于将使用者的注意力集中在特定的范围内,使思想围绕着问题进行想像,但由于限定范围,很可能会抑制创造性思维活动,一定程度上抑制了人们丰富的想像力,特别是对新产品来说,很难引发出全新产品的设想。

创新方法之三:头脑风暴法。所谓头脑风暴法,就是开动脑筋,发挥创造性思维能力的意思。头脑风暴创新法就是请参加会议的与会者与智囊们,通过互相启发、互相影响、互相刺激,产生共振即创造性设想的连锁反应，诱发出更多的创造性设想，达到集体创作出成果的目的。这种创新法，可以在比较短的时间内整理和归纳出富有成效的结论，因而在现代领导、管理活动中逐步得到广泛应用。头脑风暴法的具体组织方式是：每次参加会议的人数不超过十个，时间在二十分钟到一个小时之间，事先要使每个参加会议的人明确会议议题，然后围绕议题发表各自的想法和意见。为了使每个参加会议的人都能充分表达和发挥自己的设想，还应作如下规定：在会上，绝不允许批评或指责别人提出的设想。提倡自由思考，想法愈奇愈好、愈多愈好。与会者提出的各种创造性设想，不论好坏、质量高低，一律先记录下来，在会上不作判断性结论，整理、评价和判断性的工作留待会后进行。每次讨论的题目不宜太小、太狭或者带有局限性，但讨论时必须针对问题的方向，集中注意力。不允许与会者宣读事先准备好的书面设想或建议，不能代表别人发言，只能发表自己的设想。不允许用集体提出的意见来阻碍个人的创造性思维。不允许在会上私下交谈，以免干扰别人的思维活动，同时每个人发表的意见必须让全体与会者知道。可以用别人的想法刺激自己的灵感，或结合几个人的想法另创新的想法。与会者不论尊卑、平等相待，都可以畅所欲言，自由谈论自己的思想。

创新方法之四：收集笔记本法。以解决问题为主的收集笔记本创新法，就是认真准备一个笔记本详细记载对问题的叙述，与问题有关的全部背景材料、图表以及凡是有助找到解决问题的设想、建议的资料，提供给解决问题的参与者，请他考查问题和资料，考虑解决办法。至少在一个月内，请他每天将他的思考和想法在笔记本上作一次到数次的记录。到月底，每个参加者要编一份表，内容是对问题未来的考虑和研究解决的最好想法、建议以及与问题本身无关的一些其它想法。一定时期后，将笔记本交给一名总协调者，由他负责将资料综合起来作出摘要。这份摘要便成为创新小组最后进行创造性开发讨论的题目。由于参与者只在笔记本上作出对问题的解答，并且可以随时即兴记录，方便灵活，对建议又不作质量评定，从而大大减轻了精神上的紧张和压力。通过这种方式，能做到启迪人们的智慧，集思广议，将多方建议集中起来提出形式简明的解决问题的方案，使小组讨论目标集中、明确，问题解决了，新的设想、新的方案也就随之诞生了。此外，还有因果类比法、方便用品开发法、功能挖掘法、逆向思维法等。

第七章
脚踏实地前进

　　管理大师德鲁克认为，我们除了能准确把握今天的事情以外，将来的事情都是不可预料的。对于职场打拼的每个人而言，更重要的工作是要把握住已经发生了的变化。在各个领域，我们都面临着巨大的挑战，特别是想引领趋势的创业者们，更要洞察已发生的变化，并从中把握机会。把握住"已经发生的未来"，并采用一套系统的策略来观察并分析这些变化，这才能在制定战略决策的时候看得更高、更远，避免鼠目寸光的僵局。

第七章 脚踏实地前进

以实事求是的态度谋发展

纵观世界级先进公司，都有自己稳定的价值观体系，都有长期形成的，而且不断完善的政治系统，只不过有些公司是成文的，有些公司是不成文的。但它们都遵循一个原则："实事求是不是一件90%的事，也不是一件95%的事，你要么有它，要么就没有它。"

不管处在哪个职位，我们不妨来认真面对一个现实：今年2月份你公司的销售回款中有多少是你直接创造的？或者带队创造的？2月份你开发了多少个分销商与终端超市？你又培养了多少个稳定的有业绩的促销员与网点？你所负责的分销商与终端超市又给公司与经销商产生了多少销量与回款？你做了多少场有效促销活动？效果如何？有去总结和改进了吗？你和你的区域人员或部门人员花了公司多少资源？费比合理吗？本月完成的业绩和你年初订的目标差距有多少？你这个月真正认真工作有几天时间？你真的花心思管理过团队？你给你的经销商做过具体可行的操作方案和工作实施计划了吗？经销商心理的顾虑在消除吗？抛开价格和产品线因素，就现有资源，你下个月能做得更好吗？为什么你想尽办法讨好客户，客户却没理会和买单？你今年要赚多少钱供养家庭？你今年希望职务上有什么变化？你今年希望在个人能力和修养上达到什么程度？你的个人目标有没有与公司给你的工作目标相融合？当你真正仔细想过并清楚以上的问题，就开始迈出了第一步……

始终告戒自己要做一个"求实进取"的人，我们就开始迈出了第二步……

求实意味着首先对自己要"求实"——发自内心地告诉自己要么不做计划，要做计划就得如期完成，每天每阶段完成自己的目标，我们的自信心将无形中增强；其次，对公司、对团队、对客户要"求实"——订出切实可行、稳步增长的目标，不空喊口号，不开空头支票，一旦报给公司就要千方百计完成，至少70%以上；有人想"那我就不订量，结果有业绩不就更好了吗？"如果有这种想法，那你就失去了做销售人员的价值和意义，不如趁早改行去做和尚或尼姑，抱着木鱼敲就行了！

当我想好要与公司共进退而感觉自己的能力跟不上怎么办？你需要"进取"！"进取"就意味着你要学习和掌握有效的、符合本岗位要求的工作方法和技巧。

首先，做好本部本区目标规划与合理分解，并仔细详细分解工作计划到月、周、日，到人，到区域，到客户，并及时修正和总结经验教训。有下属的管理人员更应该在执行前与直接下属做充分沟通，达成共识，并及时指导监督执行效果，及时修正和总结经验教训。斯坦福商学院曾经派一个讲师组到中国，来给中国可再生能源企业家免费上了几天的课，其中有一课叫"不确定性商务计划"。课程的大概是说面对一个远大的目标，应该不断地分不同的时间段，同时不停地调整方向，这样才能有节奏、有意志、正确地、不间断地朝既定目标前进，否则不是跑偏就是放弃。比如说要爬喜马拉雅山，在没有计划分段并调整方向方法时，如果紧盯着珠穆朗玛峰那一个目标，攀登者会越爬越累，越累越觉得远，越远就越觉得自己达不到，这种心理的折磨是非常难受的，所以很多登山者在攀登过程中就放弃了，到达目的地的只是极少数。

其次，清楚企业现阶段本岗位对个人工作能力与素质的要求，并认真分析自己的优缺点，扬长补短。

如大区经理：整体思维能力、独立开发空白市场能力、独立引导及指导有下属人员管理的经销商按协议目标推进能力、合理分解目标并达成下属区域共识能力、指导并监督指正下属工作方向与方法能力、根据区域市场特点的渠道促销/终端促销策划组织能力、灵活掌握应用公司政策能力、合理控制季度费用比能力、团队凝聚力增强能力。

区域经理：独立开发经销商能力、独立引导及指导经销商渠道分销能力、合理分解目标并达成下属人员共识能力、促销活动组织与执行能力、指导并监督指正下属工作方法能力、灵活掌握应用公司政策能力、合理控制季度费用比能力、团队凝聚力增强能力。

城市经理/促销主管：渠道分销与形象建设能力、分销商开发回款能力、终端促销活动执行能力、促销人员物色/培养/培训与管理能力、终端门店客情处理能力。

第三，增强学习力。善于学习和吸收他人身上好的经验和方法，并用到工作中。包括向上司、下属、其它区域同事和其它优秀的销售人员经验之谈。同时要注意学习系统的营销理论知识，增强综合能力，为下一岗位工作需要做充分准备。

很多销售人都是抱着仅有的一点"陈年老酒"——在喝，回味着自己过去如何如何荣耀的陈年老事，而面对现在的业绩，某些人总有

"怀才不遇"的心态，殊不知，"老酒"味道虽好，总会喝完的，喝完后是不是"封缸"——洗手不干了？如果不是，我建议把"酒缸"砸了，一切归零，在新的环境下，从头再来！！别再想当年了！！在眼前的公司真正把市场做起来，就是你的本事了！月月业绩排在"数一数二"就牛了！！月月业绩在增长就赢了！

我在同许多企业谈到价值观念时，大多数领导者们都强调崇尚道德和实事求是是一项基础性价值观念。一个企业或一个政府或一个领导者的生活基石必须建立在实事求是上，否则就不会是稳定的。如果用这个标尺来衡量，我们自然可以清醒地认识到：

中国企业家要真正成为这个社会和时代的主流力量，首先必须完成一项工作——一项比技术升级、管理创新乃至种种超前的经营理念更为关键的工作——塑造中国企业家的职业道德和重建中国企业的道德秩序……在中国的企业界之所以会出现59岁现象，也许有着各自的缘由——偶然的，必然的，内在的，外部的……可一个几乎共同的现象是：它们都是一个道德秩序混乱年代的受害者。同时，它们又曾是这种混乱的制造者之一。

事实上，一个真正的企业领导者应该具有三个基本特征：

一是应该懂得人们推崇的"唯人则天"的管理本体论、"知治一致"的管理认识论、"执经达权"的管理方法论、"义以生利"的管理价值论。

二是把管理看成一门艺术来广泛应用。从一些企业的管理方式中可以看出，儒家管理哲学的基本精神是以"人"为中心，以道德教化为导向、以"正人正己"为途径的精神就是这种形式的体现。西方哲学对哲学本体论的两个方面（对世界本质的探讨和对人类本质的探讨）分而论之，而儒家却把两者结合起来，鼓吹"天人合一"，以此构成社会管理的基石。儒家"知行一致"的认识论，在管理上就是"知治一致"，主要包括修身与治国、知行与管理、言行与用人等内容。儒家的经权观就是儒家哲学的方法论。

三是在经济生态圈中形成了一个成熟而健康的经济道德秩序。从价值论讲，儒家管理哲学十分重视"义利之辨"，管理的职责就是要正确处理义与利的关系。以诚实、公正和具有社会责任感来树立企业的价值观。

从中国企业管理理论的演变来看，现在的企业管理者也在实施儒家管理哲学"劳心治人"的管理本质观、"人性可塑"的管理人性观、"能言善分"的管理组织观、"无为而治"的管理行为观、"道之以德"的管理控制观、"修己安人"的管理目标观，这些观念均对人性的假设和用仁义教论陶冶人性的主张，提出了"无为而治"的理想的管理行为方式、注重内在控制的管理控制方式，以及以"安人"为最高理想的管理目标。

互相尊重

在现在的高科技产业之中,高技术产业的竞争,实质是人才的竞争,是人的创造力和潜力的竞争。从华为的基本法则中,我们可以看到这样一个原则:以人为本,尊重个性,集体奋斗,视人才为公司的最大财富,而又不迁就人才。华为总裁任正非曾认为尊重个性与集体奋斗是华为发展中始终存在的一对矛盾。对个人与集体关系的处理是华为文化最具特色的方面,是华为的成功所在。任正非曾说:

"就公司总体来讲,坚持团结合作的集体奋斗始终是公司发展的永恒主题;华为是集体的华为,公司不宣传个人,打破传统做法对偶像的盲目崇拜和西方管理推崇的个人英雄主义;华为的一个根本点就是,每个人的个性和才干必须在集体奋斗中得到充分发挥,强调集体奋斗,也给个人一个发挥才能的平台。"

不过,在一些企业中互相尊重很难加以规定,但很容易看到其精髓是我们如何对待不同的其它人以及制定政策和组织制度的方法。互相尊重的要素包括许多人力资源的基本点,如:对员工们的工资和福利方面,其影响涉及对每个员工重要性的单纯认识。它包括:给他们提供愉快和合适的工作场所,可公开接触企业中的任何其它人(不论其级别或职位),可分享信息和报酬,可获得高水平的培训,发展机会,可参与工作中各种计划。

第七章 脚踏实地前进

互相尊重还常反映在使用的一些词汇中，如"伙伴"或"同事"，而不要称他们为劳工或雇员。互相尊重说明了企业中每个员工都是能干的、有用的。不要试图去支配他们的个人行动；高绩效文化集中于创建一种环境，在此环境中人们能发挥其最高水平的作用。

那么，人们希望在什么样的环境中工作呢？从华为的工作环境中可以看到：

*工作中人们互相尊重

*有意义的工作

*重视工作质量

*有提高和发展自己技能的机会

*主管人员能倾听关于改进工作的建议

*执行指示时可以考虑自己的具体情况

*能了解自己工作的最终成果

*主管人员重视效率

*工作有一定的难度

*能及时了解工作的进展情况

这样的工作环境是高绩效文化的一种体现，高质量的工作环境不仅能够促进创造，而且能使员工在工作中心情舒畅、愉快，干劲十足。因此，我们可以说：在任何一个没有高绩效的工作环境中，不是员工的工作不努力，不是下属们缺乏创造性，而是管理者未能为他们提供积极工作的环境和条件。

核心理念是企业文化的核心，是全体员工对某件事物正确与否、是否应该仿效或鄙弃的共识，统一的理念使每个员工的行为导向具有一致的标准。其它战略、结构、制度、风格、人员、技能都围绕着这一共同理念展开和实施，利用这个共同的价值观的统领作用，把企业融合为有机体，创造出组织的整体活力。

因此说，所有员工，必须在企业的核心理念与员工的价值观达成统一，这是对企业最低也是最基本的要求。如果没有共同的价值观念，不互认企业的文化和理念，根本谈不上合作，相互之间很难达成默契，员工带着情绪工作，每天做着与自己价值观向背的事情，工作效率必然低下。

有人去美国惠普公司的一家工厂参观，见有一位工人在车间作业时，热得满头大汗，便问他："为什么电风扇不朝人吹而朝着机械吹？"这位工人回答说，机械要保持清洁，避免蒙上灰尘而弄坏，所以要朝机械吹。一件小事表明这位员工已经与公司心心相印，人企一体。"你就是公司"，这可以说是惠普公司经营哲学最成功、最动人之处，这是惠普理念"向顾客提供负担得起的高品质产品"的最朴实的写照。

因此，一个规范成熟的企业，只有一个主流的文化，绝对不不允许有第二个主流文化的存在，甚至不允许个别员工的价值观与企业文化向冲突。松下幸之助有一句名言：如果你犯了一个诚实的错误，公司是会宽恕你的，把它作为一笔学费；而你背离了公司的价值观，就会受到严厉的批评，直至解雇。

同时，"空降兵"的失败比率很高的主要原因也是个人的价值观不能很好地融入企业，因为不能为了适应一个人，而改变整个企业统一的价值观，只能是个人去适应企业。

另外，把员工的责权利与企业的发展结合起来也是思想统一的重要内容。员工责权利是否明晰，是否对等对其情绪影响较大，大量的内耗都产生于此，不满和怨愤是企业最大的成本，企业领导者在统一思想时，不要忽略这方面问题。

诚实与信任

用友总裁王文京说："只有承认自己的不足，一个人才能不断前进，不落后。"当员工认为本企业及其领导者们是崇尚道德和实事求是时，就会有一种互相尊重的气氛，就可能建立起一种开诚布公和信任的环境。这种环境对新的思路、对真诚的互相交流、对不同的观点都是开放的。从而会推进赞赏性和建设性的反馈意见，使存在的问题得以确认和解决。相反，如果由于害怕可能要失败而引起批评，企业中就没有一种开诚布公和信任的环境，新的思路和改革倡议也就不能自由交流。

当你们建立了坦率、诚实以及信任的关系后，世界上最容易的事情便是相信对方所讲的全部事实。相反，当你对某人不太了解时，你会自然地怀疑他的言谈，深入了解误传，甚至试图查清这中间是否有不可告人的动机。科利华总裁宋朝弟曾说：

"你一定要认真对待信任。许多企业对其员工不怎么信任。信任是一种人际关系。我完全信任每一位为我工作的人，他们并非完人，但这是另外的一回事，我确实是信任他们。我绝对地、完全地信任每一位同我一起工作的人，如果你不信任他们，很可能他们也不信任

优秀企业的精神灵魂

你,他们就会隐藏于歪曲的事实及夸张之中,使你的企业在举步维艰中谋求生存。"

当汤姆在1978年独自买下北美工具公司时,这家公司已经濒临倒闭。他当了25年的消费品生产经理,尽管他连个钉子也不会用,但他决心证明自己能够把一个失败的企业变成成功的企业,办法就是以礼待人,并给员工充分发挥自己才干的机会。像北美工具公司这样的企业和公司有成千上万,竞争是剧烈的,唯一的取胜之路是保持企业生产的低消耗和高质量。

公司对员工要求,首要的就是你们必须绝对忠诚,你每天的一言一行和别人每一次打交道,以及在公司内外你都要正直行事,如果你欺骗别人那么只需一次你就丧失了信用,就会受到白眼看待,直到你再次证实你是绝对正直时为止。

北美工具公司的生产主管沃尔德心中有数,他知道当雇员中有人用任何方式帮助公司达到目的,完成一个项目时,领导就要找机会在超人典礼上向这个人和其它人致谢。他的祝贺是真心诚意的,有时候他这样做使他的雇员很腼腆,但是大家看来都很尊重他。

让人难以相信,公司的业绩是惊人的,从他经营企业的数年中,零件退回率从5%降低到0.1%,而年销售量却从180万美元增加到700万美元,利润猛增到700%,这一惊人的成绩给蓝领工人增加了巨大的信任感和积极性。汤姆创立了一个互相信赖的工厂。

本案例也是人本管理的一个重要应用,但是更加侧重于员工激励。北美工具公司的做法是尊重员工、平等看待员工。人本管理的核心是对人的假设发生变化,改变以前对人视为经济人的看法,人更多的是一个社会人。对社会人的激励,不仅需要物质,更需要满足他们受尊重和自我实现的心理需求。企业要让他们真正感受到自己作为企业的一份子被承认，他们的观点受到重视，让他们充满主人翁意识和责任感。

如果我们能在一种开诚布公和信任的环境中，鼓励所有各级员工都能了解企业的核心事实，我们便会有效作出决定。核心事实是可能看得到的，因为它确实发生过，是不可改变的。他们可以用准确的语言或数据化的方式来描述。事实是有效的决定的依据。联想的一位管理者曾对我说过：

"提高获取不论是否对自己有影响的核心事实的能力。关键是要找到核心的事实，它是经得住考验的。使事实正确所讲的便是关系与信任。我们会对谁可以提供可靠的信息，以及谁不可信作出结论，我们从痛苦的经历中学习。"

以开放态度对待变革

"心怀一县，生意就能做一县；心怀一省，生意就能做一省。"品牌的发展状态与企业的发展意识有非常密切的关系。我们可以看到，目前中国优秀的本土品牌如格兰仕、海尔等无一不是很早就树立开拓全球市场的志向，并在企业内部做好相应的准备，如研究异国市场、招募国际人才、开拓国外渠道等，在这种志存高远的意识指导下，整个企业都焕发出积极向上的勃勃生机。

正如《长大》一书中所指出的：中国为什么出不了可以延续百年的强大品牌，原因之一就在于企业家对企业发展的认识高度不足。企业就如人，意识决定眼界，眼界决定发展。中国本土品牌要突破7年夭折的谶语，实现从优秀到卓越的跨越，从创立之初就建立长远发展意识并不断打好基础，是决定未来发展高度的关键一步。

1. 激发人的创造性

在工业社会，主要财富来源于资产，而知识经济时代的主要财富来源于知识。知识根据其存在形式，可分为显性知识和隐生知识，前者主要是指以专利、科学发明和特殊技术等形式存在的知识，后者则指员工的创造性知识、思想的体现。显性知识人所共知，而隐性知识只存在于员工的头脑中，难以掌握和控制。要让员工自觉、自愿地将自己的知识、思想奉献给企业，实现"知识共享"，单靠"刚性管理"不行，只能通过柔性管理。

2. 适应瞬息万变的外部经营环境

知识经济时代是信息爆炸的时代，外部环境的易变性与复杂性一方面要求战略决策必须整合各类专业人员的智慧，另一方面又要求战略决策的做出必须快速。这意味着必须打破传统的严格的部门分工的界限，实行职能的重新组合，让每个员工或每个团队获得独立处理问题的能力，独立履行职责的权利，而不必层层请示。因而仅仅靠规章制度难以有效地管理该类组织，而只有通过柔性管理，才能提供"人尽其才"的机制，才能迅速准确做出决策，才能在激烈的竞争中立于不败。

3. 满足柔性生产的需要

在知识经济时代，人们的消费观念、消费习惯和审美情趣也处

第七章 脚踏实地前进

在不断的变化之中，满足"个性消费者"的需要，对内赋予每个员工以责任，这可以看作是当代生产经营的必然趋势。企业生产组织上的这种巨大变化必然要反映到企业的管理模式上来，导致管理模式的转化，使柔性管理成为必然。

但在我们的管理过程中，各种企业从来没有像现在这样需要具有各种不同的智慧和才能来实现改革，以取得工作上的成功。当今所有的领导者们遇到的一项关键性挑战是如何有效掌握改革的艺术。改革现状不是件容易的事，特别是要改变我们过去领导典范中已经形成的一套习惯更不容易。

改革来自多个方面。

第一，个人愿意不断接受自我检查和反省。我在工作中遇到过一位大型企业的领导者，他老是爱谈过去的好日子。我通过这种接触和其它的信息渠道，察觉出他已经不再愿意上进了，那个企业也就受了他的影响不想进行改革。

第二，作为一位有效倡导和领导改革的领导者，要认识到人们所以拥抱改革，是因为他作为一名领导者或一个普通员工，要不断追求发挥其自身潜能，认识到现在只是个人长征途中一个开始——而不是一个终点。在当今快速变化的世界中，一位实行改革的领导者必须促进和提供新事物的改进，用它来探索改进各种事物的方法。

第三，要预想到新构想的各种"可能发生的事情"。作为一名领导者，传统的观念是"如果我见到一个新构想，我的任务是要指出它有哪些需加以注意的弊病。"只是我们过去对"管理就是提出各种例外的、不容许感到事情"的理解和在实践中形成的信念。我们被教导成了"旁观者-批评者"，总想向新构想挑战、做旧事物的辩护人，总想从中找出一些毛病来。在这个改革的新时代中,很重要的一点是人们和文化都需要开展一个向改革开放的姿态。

第八章
赢家往往是人

在知识经济时代，各国之间综合经济实力的竞争，就是人才与科技的竞争。其中起决定作用的是人。无论是一个国家，还是一个企业，赢家往往是——以人为核心的企业——让人的智力资源得到充分开发和应用是企业取胜的关键。人在此过程中体现出的自我追求、自我竞争、自我实现的重要性，是无法用金钱来衡量的。

智慧与纯真的自信

企业不只是经济组织，还是一个错综复杂的社会系统。

企业管理理论从泰勒的科学管理之后，一个再也没有改变的主题，是对人的尊重。这实际是一种重要的回归，对人性的回归，也是对企业根本的回归。

个人主义与集体主义是两种没有优劣标准的哲学命题。

世界上没有比人心更容易变化的东西，也没有比人心更稳固的东西了。

每个人的人格和价值都渴望得到承认。

一位企业领导者曾说过："别以为只要比20世纪80年代多花点心思，就足以在90年代打赢对手，这是当前我们可能犯的最大错误。企业要加快脚步、更具有竞争力的方法很简，就是释放员工的潜力、智慧纯真的自信。"

做人一定要昂首挺胸，同时也要学会主动与他人交往。遇到挫折而气馁的人，常常垂头是失败的表现，是没有力量的表现，是丧失信心的表现。成功的人、得意的人、获得胜利的人总是昂首挺胸、意气风发。昂首挺胸是富有力量的表现，是自信的表现。

那如何才能提高自己的自信心呢?首先得先克服自卑的心理，树立自信心，每天在心中默念"我行，我能行"。别的人能得行，我也行啊！大家都是人，都有一个脑袋、两只手，智力都差不多。只要努力，方法得当，那么什么事都能办到的。

相信自己行，才会我能行；别人说我行，努力才能行；今天若不行，明天争取行；能正视不行，也是我能行；不但自己行，帮助他人行；相互支持行，合作大家行；争取全面行，这样才能使自己成为最棒的。

这说起来简单，但做起来难。一个领导者，如果能激发团队成员对工作的兴趣，调动他们的工作热情，将使团队领导力发生质的变化。

领导不等于领导力。权力更不意味着领导力。领导力的核心是影响力。唯一可以让下属心甘情愿追随的领导者身上渗透出的引人魅力就是影响力。美国前总统艾森豪威尔曾明确指出领导力必须建立在领导影响下属的基础之上：领导力是让下属做你期望实现、他又高兴并愿意去做的事情的一项艺术。古今中外，从刘邦战胜项羽，建立汉朝，一统天下，到刘备桃园三结义；从色诺芬在士兵中的崇高威望，到下属对拿破仑的绝对忠诚；从圣雄甘地非暴力主义的魅力到丘吉尔面对挑战的视野和勇气，优秀领导者的身上总是具有一种让追随者难以抗拒的影响力。他们的行为被美国领导力专家库泽斯与波斯纳总结归纳为以下五个特征：

以身作则 (Model the way)

共启愿景 (Inspired a shared vision)

挑战现状 (Challenge the process)

使众人行 (Enable others to act)

激励人心 (Encourage the heart)

在理念上我认同他们的观察，中外领导力的大量案例也证实他们观察的准确性。从这些行为中我们可以看到管理者和领导者的重要区别：管理者按章行事，领导者以身作则。管理者维持现状，领导者展望未来。管理者事必躬亲，领导者与人同行。管理者维持局面，领导者挑战现状。管理者独善其身，领导者激励人心。

如果大家对这段话难以理解的话，我们不妨来看这样一个事例。

员工进入惠普公司，就好像进入了一个友好和睦的大家庭，因为他们有更加广阔的成长空间。

开放地讲，就是惠普公司在实施以人为本的时比较崇尚"一蔟的政策"，总经理也没有封闭起来的办公室，而是不断创造员工和领导者可以互相鼓励和沟通的工作氛围。惠普鼓励员工在考勤报告中阐明自己的感想，而且真正关注员工的感想，尽可能使员工朝着自己喜欢的方向发展。在办公室、员工之间不用敬语，可以用小名互相称呼，这种环境或许让人觉得不正规，但很亲切，让员工感到舒服。

另外，惠普公司还提供适合各种员工的培训计划。对于新员工，首先有一个为期12个月的实习计划，他们一边参加课程培训，同时至少到两三个不同的部门去实习，直到按照自己的兴趣、能力选好恰当的部门。随着工作的进展，根据员工个人的申请，以及公司的业绩考核，只要员工有可能朝着更高的层次发展，惠普公司总是提供必要的培训计划，以帮助他们把握住机会。这正如惠普的一位领导者所说："惠普对待员工，绝对不是像对待奴隶那样，榨干了就扔掉，而是要让员工随着惠普不断地成长。"

麦沛然说："公司给了我机会，先后两次让我参加亚太区推广新计划的业务小组。"惠普公司在开展新的商业计划之前，往往先从不同国家或地区抽调两三个人，组织专门的业务小组，由业务小组来规划并承担业务。"在整个亚太区推广新业务，这就让我们能够了解各国各地区的工作方法，能够得到全面的锻炼，能够充分施展自己的能力。"他深有感触地说："认准了目标，争取到机会，还要靠自己努力工作来把握住机会。"

由于前面说到的两个业务小组都获得了成功，两项业务演变为正式的业务部门，麦沛然得了相关的职位。当然，每次调任员工到新的或者更高的职位，惠普也一定会帮助员工一步步地培养能够胜任的能力。包括相关的管理课程培训以及在实际工作中的锻炼。

从上述案例可以看出，激励是领导者的必修课。作为领导者，必须激起团队的创造精神，以增加活力。只有这样，才能让员工增强自信心，才能培养起参与意识，迸发出最大的活力——积极性、智慧和创造力。

那么，我们怎样才能迸发出最大的活力呢？这就需要我们改变我们的观念，这其中也包括我们对自信的观念。在自信问题上，我们需要澄清几个认识上的误区：

误区之一：只有成功人士，才有自信。长期以来我们的教育环境，过分关注少数几个尖子和精英，使大多数人失去了展示自己的机会。因而在人们当中形成了这样一种习惯意识，好像只有成功的人才有自信，或者才有资格自信。我们中学生朋友也受到了这种习惯意识的左右，有些同学一定要得第一名，一定要读个重点高中，或者名牌大学，才能让自己更自信，其实那不是真正的自信。事实上，建立在成功基础上的自信并不牢靠。自信是建立在对自身价值的深刻理解上，而不是建立在成功上，因为没有人能永远成功而不失败。自信是自己内心的一种感觉，是自己对自己的肯定和认可，要相信："我是最聪明的，我能做好，我能行。"任何一个人，都是独特的生命个体，都有自己的价值和意义，因此，任何人都应该自信，任何人都能够自信。

误区之二：先有成功，而后才有自信。

误区之三：超过别人，比别人强，才有自信。过分地想让别人认可自己，比如一定要争"第一名"，就算得了第二名都会认为自己有问题，这不叫自信，叫"底气不足"，实际上是很不自信。打败别人，得第一名，不是最重要的。最重要的是，你能不能学会尊重自己，能不能发现自己的价值在那里。真正自信的人，并不在意某些"公认的标准"，比如名次、是否超过别人，他们更在意自己内心的感觉，更在意自己的目标和价值是否实现。古人说得好，"胜人者力，胜己者强。"明白了自己的价值，你的自信心就不会被恐惧打倒。请你记住——天才的全部秘密，其实只有6个字：不要小看自己。

总之，我们要记住：企业以人为本，但都高喊没有人才。实际上，人才就在你身边，只是你没有发现而已。关键在于，领导者如何看待下属的专长与短处。一头狮子带领的羊群一定会战胜一头羊带领的狮子，懂得避其短用其长，赋予适当的任务，使能力平庸的下属做出优秀的业绩，这才是用人的成功之处。一味批评下属，显现自身高明是没有领导力的体现；处处做在前也并非有领导力，只是个表现优秀的工作者罢了。在我们周围，经常可以看到能干的领导者带领着一支平凡的团队，而优秀的团队似乎由一位平凡的领导者在推进。优秀的领导者是无形的，如空气般离不开但又不具体。

为什么要尊重人

企业生存需要人，企业要成为优秀和卓越的经济组织，同样离不开人。西方文化中，崇尚的是个人主义，而在我们的文化中则更崇尚集体主义。实际上，从人类经济社会发展来看，两者几乎难以比较优劣。没有个人英雄主义，也就没有了集体英雄主义。从经济发展角度看，个人主义较之集体主义似乎有着更为积极的意义：没有个人、个性和个人成就，企业就失去了创新与成长的基本动力。

人是企业组织的基础，是企业生存的第一要素，个人，是要素中的要素。管理学家杜拉克认为："即使不是为了考虑人们的精神或生活质量，而只是单纯为了追求更高的企业劳动生产率，也会迫使管理者更加关心劳动者的个人需求。"

那么，到底什么影响了一个人一个企业运势，归究起来就是尊重人。

未来几十年是网络和实体结合的最快的时间，也是最有创新机会的时间。在没有网络的时代，日本的松下先生和稻盛和夫在他们的文章中特别提到了敬畏。当一个企业小的时候，创始人要跟着一起干，有100人要指挥者干，等有10000人，你需要感恩和敬畏。

三星公司和IBM公司都是世界巨头，他们的公司文化分别是对人的尊重和为客户创造最佳价值。这正是当下我们最稀缺的东西。

有一本书叫《自爱的真意》，讲到一个人自爱自知的重要性。自爱的人会明白他只有爱了更多的人，他的生活才会更加精彩。

和朋友一起再聊传统企业转型的事儿。有两条路：第一，要么转变自己的思维，亲自做。第二，投资年轻人。现在做成的华为算是一个特别明显的案例。用新的牌子，用新的团队运营一个手机。现在，荣耀品牌已经是国内最知名的牌子了。

见过一个广告，讲的保洁公司的产品。一个女孩在舞台上拉小提琴，用了飘柔的洗发水变得更加的自信，那美妙的音乐，让人想起美好的未来，充满了希望，力量。产品和服务，最终还是为人的需求服务。对人尊重，价值才能体现。

未来几年互联网和各个行业结合。从研发设计，到销售，再到售后服务，这一切都将会逐渐实线。在经营中，传播，渠道，供应链和组织架构的改变将重塑未来的格局。很欣喜，这会带动社会巨大的进步。

你听过首席惊喜官，首席知识官，首席战略官，首席未来官，首席创新官吗？这些都是外国出的名词，以后将会在各个细分领域出现这些职位。从已知到未知，这就是一个变革的开始。

看见未来的人，能够去抓住未来。未来五到十年的结果由今天的原因种下。从原来的只管生产产品到对用户，对产品的研究，一切都在围绕着需求变化。从大规模到精细化定制。个性不再是哗众取宠，成为潮流！

提了这么多理念，通向未来的关键在于提供超值的资源和服务。你能够创造价值，这才是未来！产品，服务，成交依然是商业的核心要素。看世界的方法和视角正在变化。

优秀企业的精神灵魂

根据目前的预测,未来的企业都要互联网化转型。用更人性化,个性化的方式创造属于每个人的生活体验。我们来说说实体和网络的区别。从战略眼光,思维能力,能力方式,传统企业都不及互联网企业。所以,转型升级就是思维的升级。

互联网+代表的是连接能力。不在于你用不用网络,在于你是否有能力连接人。人性的优点和弱点,就是对人的考验。上帝藏了一个宝藏在我们身边,我们还没怎么打开它。那就是我们的思维能力,我们的心意。

在梦想中想想到的,都是可以带进现实的。人有七情六欲,对人的尊重就是体现在敬畏二字。一个敬,就是尊敬人。二是畏,就是要有所谓为,有所不为。

提了很多方法,仔细研究有无数种。你尊重什么,你就吸引什么?你害怕什么,倒霉的事情就往你这边走。商业回归对人的终极关怀——如何更好的成就一个人。

何谓"企业"?

中文"企业"两字是从日文借鉴来的。从象形文字的字义上讲,"企"字是由上"人"下"止"组成。"人""止"为企,以人为主。一个企业和人体一样,从出生到成长,有兴、有衰。企业追求"永续经营",如同人追求健康长寿一样,而这种永续的根本,是对人的尊重和理解。从本质上讲,无论什么形式的经济活动,都是人在起着决定作用。

企业不只是经济组织,还是一个错综复杂的社会系统。美国管理学家科斯在《企业性质》一书中认为,企业是人类组织协作进化的一种高级形式,是人类协作组织进化的产物。企业一成立,就不是哪个个人的，而是一种群体的集合。而企业家需要做的无非是两件事：一个是技术创新，解决人与自然的关系，包含了企业与社会、竞争对手以及大自然的关系；另一个是制度创新，解决的是企业与人的关系，包含了企业与员工、股东、顾客以及社会等四个方面内容。但无论解决哪个问题，都离不开"人"这个核心。

世界上没有比人心更容易变化的东西，也没有比人心更稳固的东西了。中国有句古话：人心齐，泰山移。能够同甘共苦是泛家族企业中人员彼此信赖的基础。

如何处理企业与人的关系是企业管理和企业生存、发展的永恒主题。

30年前，当我读世界历史时有个问题一直不得其解：美国人为什么把"五月花"号到达美洲大陆后移民们做出的第一个决定，作为奠定美国历史的重要事件？随着中国改革开放，随着中国市场化体制的建立，随着自己对人生和生命的体味，我终于明白了这样一个道理——"人生而平等"——这是人类文明进步追求的目标。"五月花"号所制定的《五月花号公约》，奠定了美国政治文化的基础。

从单个企业来讲，企业领导（班组长、部门长都是领导）的有效性和稳定性取决于下级的赞同。受到下级承认和赞同的领导人，在对下级施加影响时，要比那些未受到承认或赞同的领导人更加有效。如果忽视了这一点，以为靠着人事部门的一纸文件就可以发号施令，那么就会动摇领导权威的有效性和合法性，久而久之，将丧失群众心目中对你的权力和威信的认可。这里有个问题：怎样看待人。一种是把人看成是企业的负担、企业的成本；一种是把人视为资本（人力资本）。两种态度决定了企业的成败。

在企业组织中，没有比尊重个人更为普遍和明确的价值观了。如果一个企业拥有世界上最崇高的使命、最优秀的战略，却没有合适的人选来执行，那么它就永远不会成功。

当然，尊重个人，还意味着接受人的差异性。

毛泽东曾有一句话：在世界一切事物中，人是第一可宝贵的。邓小平在改革开放初期指出：科学技术是第一生产力。江泽民2000年在斯里巴加湾APEC会议上指出：人力资源是第一资源。

企业管理理论从泰勒的科学管理之后，一个再也没有变的主题，是对人的尊重。这实际是一种重要回归——对人性的回归，也是对企业根本的回归。

1949年，37岁的大卫·帕卡德参加了一次美国商界领袖们的聚会。与会者就如何追逐公司利润侃侃而谈，但帕卡德不以为然，他在发言中说："一家公司有比为股东挣钱更崇高的责任，我们应该对员工负责，应该承认他们的尊严。"帕卡德在造就硅谷精神方面的贡献，恐怕超过了任何CEO。就像希腊的民主遗产一样，他的以人为本的理念，影响至深至远。正是创始人帕卡德这种以人为本的思想和精神，缔造出了今天惠普(HP)这个产业帝国。

我们再一次回到根本，来看看市场经济的实质。

市场经济的实质是什么呢？

是对产权的尊重，是对人的尊重。对产权的尊重是市场经济的第一要素，而市场经济实际上从根本上确立了对人的尊重。

管理学家杜拉克认为："让全体员工都站在上司的立场考虑问题，关键要使他们感到自己是企业的主人。"他还说："何为经营之本，我认为就是造就人。"

第八章 赢家往往是人

无论什么载体或者形式，"互联网+"的核心其实就是人。还记得雷军曾经的终极反思：成功有三条秘诀：预判未来、在对的时间做对的事、顺势而为。

其中我最赞同的是"顺势而为"。那么究竟什么是"势"？又该如何"顺势"？这两个问题都绕不开一个字——"人"。

首先，我们来分析一下互联网用户的代际结构。据第三方机构统计，在中部某省的移动互联网用户中，青年用户占据了55%的份额，中年用户份额约39%，还有6%为少年用户，用户结构的变化反应了市场主体的需求也在发生着剧烈的变化。

其次，70/80后逐渐成长为社会中坚力量，"吊丝"、"情怀"、"怀旧"等关键词成为了这一代人的集体标签，这一代"数字移民"对网络的需求相当强烈且影响着周边人群的工作生活和消费习惯，"网民"即"人民"在这一代人身上有着深刻的体现。

最后，90后逐渐踏入社会，零零后迅速成长，一大波生长、生活在数字时代的"网络原住民"需求呈现爆发态势，二次元、亚文化等身份辨识度和群体归属感成为了新生代人群的追逐对象，"御宅族"、"火星文"等特色文化现象开始流行并迅速爆发。

说了这么多，我不过是想引出下面这看似无聊的结论：互联网时代，谁掌握了用户需求和习惯，谁就有机会胜出。无论是针对70/80后的淘宝，还是针对"吊丝"的小米，其实都是在满足特定人群的特定需求。

找到人群并且用合适的方式去满足他们的需求就是顺势而为。

"互联网+"要想获得成功，最终还是要尊重人、为了人、依靠人。其实关于这一点，马克思主义的人本理论早在一百多年前就给出了答案——"一切为了人,一切依靠人,人是目的与手段的统一。"

环顾四周,从行业、企业到个人,互联网正在让世界的边界变得模糊;不管所处何时何地,人们都可以通过互联网连接起来,互联网正在让世界越来越小、越来越平,更容易接近;无论手机、PC还是PAD,人们在各种终端上不断接收着大量快速流动的信息,互联网正在让世界变得更高效……这样的变化还有很多,我们的工作、学习和生活随时随地都在被互联网影响或者改变着……在这样的环境中,还有谁不去拥抱互联网呢。

"互联网+"时代已经到来,对于顺势而为的人来说这是一个最好的时代,而对于那些消极抵抗的人来说,这恐怕就是一个最坏的时代。但不管怎么说,这都将是一个伟大的时代,因为只有伟大的时代才会让每个人都绽放出智慧和创新的光芒,让这个世界变得更美好!

美国IBM前总裁小托马斯·森在《商业及其信念》一书中讲道:"IBM经营哲学的大部分都集中在其三个简单的信条当中,我要从我认为最重要的那一条说起,那就是,我们对每个人都要尊重。尽管这只是一个很简单的理念,但IBM为了实现这条理念,确实耗费了大部分的管理时间。我们在此投入了比做其它任何事情都要多的精力。实际上,这一信条在我父亲的脑子里就已经根深蒂固了。"沃森又说:"我们几乎每一种鼓励措施都是用来激发人们热情的,我们早先强调人际关系并非受利他主义的影响,而是出于一条简单的信条——如果我们尊重员工,而且帮助他们自尊,这将会使公司的利润实现最大化。"

在我们所能够看到的世界上那些优秀企业,很难再找到一个比"尊重个人"更为流行的主题了。

万科在中国市场的成功，很大程度上也是人才战略的成功。一次，我向一位投资银行人士请教：为什么万科能在短短几年时间打造成中国房地产市场当之无愧的龙头老大？他回答，是文化。王石在万科营造了一种非常人性、民主的文化氛围。"桃李不言下自成蹊"，万科的一本内部刊物《万科周刊》成为许多职业人士争相一睹的刊物。

地产长青树：万科董事长王石在《万科手册》中谈到：人才是万科的资本。

热忱投入，出色完成本职工作的人是公司最宝贵的资源。

尊重人，为优秀的人才创造一个和谐、富有的环境，是万科成功的首要因素。

我们尊重每一位员工的个性，尊重员工的个人意愿，尊重员工的选择权利。所有的员工在人格上人人平等，在发展机会面前人人平等。万科提供良好的劳动环境，营造和谐的工作氛围，倡导简单而真诚的人际关系。

我们倡导"健康丰盛的人生"。工作不仅仅是谋生的手段，工作本身应该能够给我们带来快乐和成就感。在工作之外，我们鼓励所有的员工追求身心的健康，追求家庭的和睦，追求个人生活内容的极大丰富。

尊重个人有两个层次：一种是尊重，使你的人格和身心处于良好状态；另一个层次是基本的，不要轻易对人的价值、善恶做草率的判断，这是对事不对人的中性尊重要求。尊重个人，既包含了对股东和顾客的尊重，也同时包含了对企业员工的尊重。

尊重实际上是对人的理解。服装是中国制造中最大宗的商品，一次，国内一位服装业老总对我说，我们出口100件服装不如法国一个品牌商一件服装赚的钱。我问：是不是我们没有品牌？他回答：这是一个方面。但品牌是什么，是文化。这种文化表现在服装上就是设计，我们的设计师对人的理解还没有达到那种层次。

尊重个人是一整套庞大的基础设施、管理系统、管理模式及价值观体系。

资本主义经济的基本推动力是获得利润。美国学者本·巴鲁克·塞利格曼指出："一部美国企业史，基本前提是商人最关心的赚钱。美国主要制度的中心问题——企业不赚钱，它就不能存在。"美国IBM公司倡导的三大信念中虽然并无"赚钱为宗旨"的字样，但公司创始人沃森说过："我们从一开始就强调人际关系的重要，但这并非出自某种大公无私的利他主义，而是出自这样一种简单的信念——如果尊重职工，并且帮助他们学会尊重自己，公司就能获得最大的好处。"显然，IBM公司"尊重职工"的信念只是为了"公司能获得最大的好处"——利润。

在微软公司工作十分紧张和辛苦，但它却吸引了全球最具创造力的软件开发人员。究其原因，除了每年造就1100名百万富翁的巨大物质诱惑外，其有特色的公司文化是十分重要的。一是公司的整体形象和比尔·盖茨的个人魅力。微软自创建以来，奇迹般的发展使其成为知识经济时代精英们向往的圣殿，比尔·盖茨也以其不息的创新精神、杰出的开发和管理才能成为人们崇拜的"数字英雄"。二是对员工的自由和自主的充分尊重。公司的运作基本上没有刻板的方式、繁杂的程序和规则，上下班时间主要由员工自己掌握，既可以在公司上班，也可以在家里工作，甚至公司还为其提供必要的设备，只要符合总体工作目标和工作进度，员工可自行决定具体的操作。三是平等精神，无论职位高低，所有员工在人格上都完全平等。以停车为例，大家都遵循先来后到的原则，甚至比尔·盖茨也不例外。四是优美清新的环境。公司保证每一位程序员都拥有独立的办公室，而且每一间办公室都充满阳光和鲜花，使他们在紧张的工作中始终保持愉快的身心状态。

2002年3月，惠普中国公司总裁陈翼良先生对媒体说："我不敢不尊重我的员工。"作为惠普在中国最高主管官员，对员工的态度从这句话中我们可以略见一斑。惠普的人性文化的第一条就是相信人、尊重人，在这样的一个环境下，每个人都能得到充分的尊重。惠普的人性化的文化，很容易把一个企业凝聚起来，这样的一家好公司，往往使人愿意一辈子都情愿为它做事。

与之形成对照的是，我们一些企业"以人为本"在许多情况下仅仅是一种口号、一种标榜、一次声明或一项计划，仅仅是停留在表面上的东西。由于长期政治斗争的影响，我们习惯于在组织内部把人划分为三六九等(不是业绩考核中的业绩，而是主观的印象)，划分为左中右。这在现代企业发展中是很有害的，这也是我们的企业中为什么较少自发、较少创新的原因吧。

2002年，有一本书风靡职场——《把信送给加西亚》。这本美国人一百年前写的书只讲了一个简单的故事，而且叙述得很平淡。当美西战争爆发后，美国必须立即跟抗击西班牙的军队首领加西亚取得联系。加西亚在古巴丛林的山里——没有人知道确切的地点，所以无法带信给他。美国总统必须尽快地获得他的合作，有人对总统说："有一个名叫罗文的人，有办法找到加西亚，也只有他才找得到。"他们把罗文找来,交给他一封写给加西亚的信。罗文拿了信,把它装进一个油纸袋里,封好,吊在胸口,三个星期之后,徒步走过一个危机四伏的国家,把那封信交给了加西亚。有意思的细节是,当时,美国总统把信交给罗文,而罗文接过信之后,并没有问加西亚在什么地方。显然,他也不知道加西亚在什么地方。但是在他接过这封信的时候,他就以一个军人的高度责任感接过了一个神圣的任务,也许他会因为这个任务付出生命。但他什么也没有说,他所想到的只是如何把信送给加西亚。像罗文这样的人,我们的确应该为他塑造一座不朽的精神雕像,永远存放在我们每个人心中。年轻人所需要的不仅仅是书本的知识和他人的谆谆教导,更需要一种孜孜不倦的敬业精神,而这种精神就源于一个人对其工作的忠诚和信念。

在一个非常物质化的社会中,企业人员的流动是正常的,通用、IBM、宝洁这样的企业也有一定比例的人员流出。所以,从管理者角度讲,恐怕更看重的是一种主人翁的精神,任何一个企业都需要这种人才,这种能够把信带给加西亚的人!著名社会经济学家福山在《历史的终结与最后一个人》中说:"每个人都渴望其它人承认自己的尊严和地位。"从我们企业管理角度、从我们企业文化角度说,我们有没有真正地尊重员工?索尼前社长盛田昭夫在《日本造、盛田昭夫和索尼公司》一书中,把"管理——亲如一家"作为醒目的标题。他认为,索尼的成功之道并无任何秘诀和不可与外人言传的公式。不是理论,不是计划,也不是政论或政策,而是人,只有人才能使企业获得成功。

我们可以随便打开一个中国企业网站,在企业文化和企业介绍中几乎都可以看到"以人为本"这样的标榜。但实际上,企业家和企业主管心目中,企业家、企业投资人、企业主管是企业员工主人的意识非常明显。

"尊重个人",首先是尊重本企业员工并通过产品广及客户。

在我们看到的企业中,最容易忽视的问题是对个人的尊重,总以为,企业员工的一切是企业(过去是组织)安排好了的。但实际上,这种安排是最没有效率、最容易产生腐化的。

建立尊重个人的企业文化氛围,从企业来讲,就是要最大程度地解放个人。这种思想和精神上的解放,是企业永葆创造活力的基础之一。

尊重个人,在表现上是"员工至上"。我服务的公司是IBM在中国市场的第一个客户,IBM第一个负责中远的客户经理就是后来写了《逆风飞扬》一书的"打工女皇"吴士宏女士。她在书中谈到IBM给人印象最深的是为员工设立的一年只需要1美元的乡村俱乐部、IBM公司的家属联谊活动以及"百分百活动"。

IBM创始人老沃森一生中有一半时间在旅行,一天工作16小时,几乎每个晚上都参加他数不清的员工俱乐部举办的仪式和庆典。他乐于同员工交谈,当然不是以一个好奇的上司自居,更多的是以一位老朋友的身份出现——这是他那个时代人写下的记录。但实际上今天我们还可以听到关于沃森先生的故事,而且这些故事已经成为这个卓越企业的文化组成部分。如"不关门"制度、俱乐部、简单化、布道、狂欢以及培训等等。

细细研究品味绵延近百年的现代企业管理理论,我们可以清楚地看到,一切的一切都是从人开始的。我们是真正接触到欧美企业管理理论之后,才认识到西方资本家并没有把工人当做任人宰割、任人支配的机器，相反在企业的管理中总是不断地增加对人的尊重的成分。这是我们中国的企业管理者需要切实加以学习的。

我们的许多企业大喊对职工的尊重，甚至推出"人本主义"。但是作为管理者你不去研究人，你也不了解人，你怎么去尊重他。所以中国的许多企业还没有学会去尊重人，不知道如何去尊重人。在这些所谓的"人本主义"企业当中蔑视人格、无端指责、打击报复、压制才能、羞辱感情的事情还大量存在，这样的"人本主义"怎么能把企业管好？

拥有120万名雇员的沃尔玛是全美第一大零售商，用我们中国人的话说，是一家从家门口干起来的世界级的企业。沃尔玛成功的原因有很多，但其创始人沃尔顿先生始终保持对员工尊重和关心是重要原因之一。在沃尔顿先生的倡导下，沃尔玛几乎所有经理人员都佩戴着"我们关心我们的员工"的徽章。在沃尔玛，员工都被称做"伙伴"，而不是雇员。从沃尔顿开始，管理人员就经常倾听来自员工的声音。沃尔顿说："关键一点就在于应该走进店里，去听听你的伙伴们有什么要说的。所有人都应参与进来，这一点极其重要。我们的许多好主意正是来自于店员和仓库的搬运工。"

在沃尔玛公司，所有人都感觉自己是个成功者。每周六早上7：30都召开一个管理例会。从沃尔顿开始的传统，管理例会上总经理都会站起来高声问道："谁是第一？"当然所有的人都会高声回答："沃尔玛！"1991年，被誉为20世纪第一CEO的通用电气前总裁杰克·韦尔奇专门到沃尔玛参加例行晨会，被员工参与的热情所感染。他在现场动情地说：我知道为什么沃尔玛是个优秀的公司了。回到GE，他精心构建自己企业的"沃尔玛晨会"——这就是日后成为通用成功经典的经验之一的"群策群力"。"群策群力"的核心是"全心全意地相信和依靠员工"。

杜邦是一家有着近两百年历史的世界知名企业。在杜邦，尊重个人有着更具特色的表现方式。从公司的核心价值到全球定位，从公司的企业文化到发展方向，无处不体现出对人的尊重、对人的平等和对人的信任。例如，杜邦对"安全环保"、"职业操守"和"尊重个人"的倡导正是对人身、人格及人权全面的保护和重视。本着同样的信念，杜邦的使命中就包含着对个人才干的充分施展，对事业的奉献和对理想的追求，以及对社会的贡献和对家人的承诺。杜邦员工手册中明确写道："我们品格高尚、尊重自然与生命、安全工作、与人和睦相处、精诚合作。每一天回家的时候，我们都将是神清气爽的。"

基督教义中告诫要给予，给予是索取的前提。企业创造价值，先要从创造价值的主体员工开始，从尊重员工开始。

中国有句古话：得人心者得天下。无论怎样优秀的人才，如果他的上级不予以重视，没有适当的指导、培养和监督的措施，那么他有天大的才能也无从施展。而且，如果没有员工的倾情努力，也不可能有企业的成功。

文化建设一直是阿里巴巴发展的重中之重。可以说，企业文化使"阿里"能够掀起一场互联网革命。在阿里巴巴的企业文化建设过程中，激励措施特别是软激励的有效运用发挥了重要作用。

"阿里味儿"是阿里巴巴强化企业文化的一个阵地，在这上面，员工可以直言部门主管的待遇不公，可以质疑公司的某项政策规定，甚至是集团高管走马上任也会被反对"围攻"。用阿里一位员工的话来说，可以讨论任何事情而无论层级，发表任何观点而不论对错;即便

是高管的观点也经常被员工"减芝麻"。("减芝麻"表示不同意)

这样的例子随时随处可见。在阿里的历史上，一位被高管辞退的员工发帖历数前者的不公正，帖子发布后引发了大量同事"一面倒"的声援，但随后高管及时回应，说明原因和意见，也获得了跟帖支持，最终在两方意见"针锋相对"的情况下，由CEO出面，把HR的负责人、当事员工和主管都叫到一起公开讨论，而且现场情况同步直播给所有员工。

阿里坚持的原则是"即使是毒草，也要让他长在阳光下"。正是在这种潜移默化的培养中，每位员工都能以一个平等、客观的姿态参与到工作的讨论和执行中。也正是这些做法使阿里开放、透明的企业文化被员工真正地接纳和吸收，有效地调动了员工的能动性和创造性。

阿里充分满足了员工的施展空间和创新冲动，"赛马"就是很好的例子，员工只要有好的想法和创意就可以提交到阿里的项目委员会，经过审批之后，员工可以放手去做，集团会为其配备人手、资金，甚至还有期权，阿里很多好的项目都是通过"赛马"成立的。在阿里的历史上，就有刚刚转正的员工提交的项目脱颖而出，之后扩容成五六十人的团队，闯入该领域内全国第一梯队。

"放任"的结果往往带来意想不到的惊喜，有些案例甚至让阿里内部员工也有点难以置信，比如一位刚刚入职的员工"不务正业"，耗时8个月痴迷于与自身业务关联不大的技术难题，部门主管也欣然接受，而这对于双方来说都是一种"冒险"：员工毫无突破，高管难辞其咎。但最终，员工的技术方案被纳入全球性的技术标准里。

在职位晋升和调整机制上，阿里也同样奉行"自由"原则。比如阿里员工的晋升并不是由主管决定，而是结合一年的工作情况自己来判断决定，如果认为自己到了晋升的某一个层次和水平就提交晋升申请，由各个部门的资深同事来进行考核，员工做述职报告，评委来投票决定。再比如，员工转岗也无需征得部门主管同意，只要接收方同意，原部门主管就要无条件放行。这是阿里包容精神最直接的体现。

当然，自由不是无原则地放任。为了将自由而活跃的"分子"纳入到整个组织的有机体中，使员工自主性与企业的需求相匹配，阿里设定了一定的限定条件。比如，晋升请求是自己提出的，但是判断的标准是透明公开、具体而微的；转岗是没有主管限制的，但是存在一些硬性条件：首先是在现有部门至少待够一年，其次就是绩效考核达到一定的水平。这样就会避免员工因为逃避而转岗，保证优秀人才的合理流动。

可见，阿里巴巴激励机制的关键点在于充分尊重员工发展的意愿，并为员工提供自由发展的平台，而这种"软激励"是阿里"开放、创新"文化的真实写照，是阿里持续进行变革创新的重要推动因素。

成功的人，讲求的是方法、途径；失败的人，讲求的是原因、理由。世界每个人都有问题，没有问题的人，是躺在坟墓里的死人。企业雇用员工是要解决问题的，有人说，企业经营管理守则有三条：第一条，老板永远是对的；第二条，如果老板是错的话，请遵照第一条办理；第三条，如果老板有错的话，一定是你的错才引起他的错，因为你没有提出建议。

企业是法人，法人的主体还是人。企业中的人，不是简单的人、单纯的"人"，而是具有社会意义的人。企业管理发展的历史就是怎样处理企业与人的关系的历史。企业"经济人"的假设是泰勒的创造，从这里起步，开始了现代企业管理的研究和探索。泰勒的目标是研究效率，即如何降低成本，提高利润。他是古典组织理论的奠基人，倡导金字塔式的层级管理、幅度管理和功能管理。后人在评判他的理论时，认为他只看重员工个体，而不是员工群体。他把工人看成机器，必须像机器被使用一样地受奴役。不过，当我亲身阅读泰勒著作时发现，这些所谓尽人皆知的事实，并非泰勒理论的实质。其实，泰勒是主张以一种工业化企业、机器与人的和谐关系，来代替当时工厂里建立在恐吓基础上的相互缺乏信任的关系。

当然，泰勒之后，"霍桑实验"使人们更加注意到企业中的人际关系、非正式群体等因素对企业管理和效益的影响，开始关注包括自我实现在内的人的社会性需要，于是导致了一系列激励理论的出现。这些理论强调人际关系在管理中的重要性，以人的社会性为基础，明确提出用"社会人"概念来代替"经济人"的假设。

20世纪70年代末，日本经济实力的强大对美国乃至西欧经济形成了挑战，在这种形势下，人们注意到日美企业管理模式的不同，并且发现，理性化管理缺乏灵活性，不利于发挥人们的创造性和与企业长期共存的信念，而塑造一种有利于创新和将价值与心理因素整合的文化，才是真正对企业长期经营业绩和企业的发展起着潜在的却又至关重要的作用。20世纪80年代初，威廉·大内的《Z理论》、特雷斯·迪尔和艾兰·肯尼迪的《企业文化》和阿索斯和沃特曼的《寻求优势》三部专著的出版，掀起了企业文化研究的热潮。直到90年代前后，大家所推崇的美国企业管理英雄杰克·韦尔奇创造出"群策群力"的企业管理文化，进一步张扬了人在企业中的地位。

我们传统文化中强调人的集体(整体)性，讲究"人和"的价值观念，这在中国历史上多少次抵御外族侵略的经验和教训中汲取了力量。但在现代企业管理中，这种过度强调集体而忽视个体，忽视人的个性表现，急功近利等观念，则成为企业成长的障碍。

我们毫不怀疑中国人的智慧。在计划经济时期，"鞍钢宪法"成为中国管理创造，它找到了一种在计划经济条件下解决人的问题的最好途径。

"鞍钢宪法"的核心是"两参一改三结合"。"两参"是指干部参加劳动，工人参加管理；"一改"是指改正不合理的管理制度；"三结合"是指工人、干部、技术人员的三结合。在这个时期，中国人还创造了"三老四严"，即要"当老实人、说老实话、做老实事"；"对待工作要有严格的要求、严密的组织、严肃的态度、严明的纪律"。

"鞍钢宪法"曾给了日本和美国企业管理以启迪。

我以为，中国企业应该，也有条件向尊重人性回归。我们有这个传统，目前也有这个物质基础。

创造人生价值

人的价值在于创造,在于奉献,在于为人类社会的发展贡献力量。要创造,要奉献,就需要具备一定的知识和技能。人是知识和技能的载体和创造者,创造是人的本性,是人类社会赖以生存和发展的根据,然而,有知识或技能,并不意味着有价值。比如对于企业领导者这个角色来说,每个人都有能力担当领导,有些人可能在商务领域中领先,有些人可能在技术领域内领先,或许有些人可能在管理领域内领先,还有一些人可能在一个小群体中或一对一的相互联系中担负领导的责任。但在不同的领域中,领导能力的科学性与机制却是相同的。

领导力与协作。各公司都有自己的管理的文化和方式。西门子公司的管理文化就是雇员与管理者首先都要明确公司的目标,在这个基础上各自贡献他们特有的才能达成一种内部的共同合作来完成目标。也就是说企业与员工的关系不仅仅是雇佣关系,而且还是一种相互合作的伙伴关系。在西门子,管理者的领导力要被评估,并且通过计分卡使其变得透明。这项措施体现的是一种各尽其能、共同协作的管理模式。

独具慧眼。眼光独到是一个企业家最本质的特征。企业家只有具备远见卓识,才能准确把握大势,发现潜在价值。拿香港知名企业家李嘉诚来说，上世纪60年代中期，地产陷入低潮，李嘉诚看准时机大举入市，由塑胶大王摇身一变成为地产大王。

80年代，他又进驻国际集装箱货柜码头业，90年代搞电信。由于对经济形势有很强的洞察力，所以才会在一个又一个的领域中获得成功。

由此可见，企业家在关键时候的准确判断非常重要，所以他不能只埋头苦干，一定要学会分析市场大势，包括产业周期。

诚信为上。时常要问问自己的内心，自己真正想要的是什么、自己坚持的是什么。人生的旅程如此漫长，走着走着就有可能忘记自己为什么要走、要走到哪里。在我看来，心灵的修炼，其实很简单，做到对自己诚信、对他人诚信、对世界诚信。诚、信都有一个"言"字，用真心不断地问自己、和人交流，心口如一，简单而难得。

百折不挠。迈向行业领袖的路不会是一帆风顺的，市场在你进入之前已经分好了，怎么样才能"后来者居上"呢？我认为必须要有百折不挠的勇气，要比别人付出更多的努力和代价。决策者不能轻言失败，不能碰到问题就是雨，一定要认准方向，坚持到底。

不断创新。一流的企业家应该是一流的学习家。我发现每年评出的最有影响力的领袖，都有一个共同的优点，就是他们普遍具有创新意识。他们以及所领导的公司往往是新模式的创造者，如微软、亚马逊书店和联邦快递等等。

优秀的企业家应该去创造潮流，引领潮流，而不是用追随潮流的"尾灯战略"，因为如果你跟着"尾灯"，一旦前面的车停下，你就会失去方向。

企业家是企业中最珍稀的资源。某种程度上，企业家的境界有多高，企业就能飞多高。总之，企业家最重要的管理职能是战略决策与精神导向。当好一名企业精神领袖，一家企业的首席企业文化设计师，是任何有抱负的企业家永远追求的目标。从这个角度来说，本书并不是适合所有企业家阅读的，而更适合那些有抱负的企业家或追求成为一名有抱负的企业家的人阅读的。正如管理大师德鲁克所说的"中国什么都能引进，就是不能引进管理者！"中国企业缺乏精神领袖，更缺乏有抱负的精神领袖。我们不难看到，中国并不缺乏有钱有实力的企业家。改革开放后中国有许多人通过各种方式富起来了，但这些人的企业并没有成为知名企业或者永远都不可能成为知名企业，更谈不上为中国经济繁荣而奋斗，因为他们的老板只想赚钱，而不是追求一种事业，他们不缺乏做事业的能力与实力，但缺乏做事业的胸怀与眼光。

第九章
优秀企业离不开优秀的领导

  一个成功伟大的企业，肯定有一个成功伟大的企业领袖。企业领袖的检验标准只有一个：市场。在人类组织中，组织领袖的产生一般需要二十年左右时间。在中国历史上似乎不缺革命领袖，但我们民族缺少企业领袖。我们今天需要企业领袖，如同一百年前中国需要革命领袖一样的迫切。与欧美不同，目前，我们多是第一代企业家。所以，大家都有可能成为"华盛顿"。

第九章 优秀企业离不开优秀的领导

领导的力量

领导是什么？不是拥有权利的人就是领导。企业持续发展，必须营造领导力的文化。就如彼得·圣吉所说"企业重要的是领导者组成的组织"——每个人都可能成为领导，对自己的未来负责。

我们已经步入一个繁荣时代，对未来10年、20年的经济发展和持续繁荣我们依然充满信心。但在繁荣背后，我们又有一些担心：今后，谁会主导中国的经济?据统计，在我们巨大的出口商品中，有50%是由外资、合资企业完成的。中国成为外国企业产业链中的生产基地。不错，由于制造，我们就业机会增加，我们也增加了财富。但在繁荣和财富的背后，应该思考我们民族的凝聚力，思考我们整个民族的自尊心问题。繁荣和财富的增长，是不是也增长了我们的国际地位？而这，主要取决于我们的企业家能不能建立起世界级的企业。所谓世界级的企业，是行业的龙头、是行业的领袖。从这个意义上说，中国的繁荣时代更需要企业领袖。这已不仅仅是管理的问题了。

企业管理学不能忽视的一个因素，是管理实施者——企业家和企业领袖在管理中的角色。企业领袖是企业组织的构建者、指挥者。既然是领袖，那么他就不是"圣人"，更不是一个道德的楷模。检验"圣人"的标准是学问和思想，检验道德楷模的标准是品德；检验企业家和企业领袖的标准只有一个——市场。并且，市场是唯一标准。

与欧美、日本的企业不同，中国的企业家、企业领导人，无论是民营企业还是由原来国有企业脱胎出来的现代企业，实际上都是第一代，是属于企业型的企业。自然的，这些企业领导人，也就是创业型企业家。而对一个组织来讲，创业型的领导，是最可能成为"华盛顿"的：他们最有理由、最有资格，也最有可能为这个企业制定好规矩。从这个意义上说，他们是最可能成为领袖的一个群体。

一个组织成熟的标志，是组织领袖的产生，这个领袖既可以是精神的，也可以是实际的。否则，这个组织依然是由不同个体组成的一盘散沙。

很长时间我们似乎只承认"人民创造历史"，而忽视了领袖在历史长河中的作用。其实，从人类社会进化的角度历史地看待领袖，我们自然会得出这样的结论：人类社会是个需要领袖的社会。一个没有领袖(精神领袖、组织的实际领袖)的社会是混乱社会，一个没有领袖的组织，只能是"乌合之众"。

在美国这样一个充分张扬个性，标榜"个人至上"、"民主"的国家，也承认领袖作用，并且有自己的领袖。如：开国领袖华盛顿、内战时期的领袖林肯、二战时期的领袖罗斯福。有位朋友专门研究美国历史，2003年2月，当全世界分成支持美国对伊拉克动武和反对美国对伊拉克动武两个阵营的时候，由于国内媒体对此态度暧昧、莫衷一是，我们总不大明白，为什么美国要打伊拉克。就这个问题我专门请教这位朋友：究竟美国对伊拉克动不动武？他回答：只要你了解美国几位国家领袖的历史，就基本了解了美国，而了解了美国，就不难理解美国历任总统在朝鲜问题、越南问题、海湾问题上为什么是这样的一个态度，理解了这样的一个态度，你自然就理解十年时间、两任父子总统为什么都要打伊拉克这个问题了。

企业类似国家。一个想要长久生存的企业，必定有个属于自己企业的领袖。如同一百年来美国经济时代的福特、斯隆、小托马斯·沃森、比尔·盖茨和日本起飞时期的企业领袖松下、本田等一样，中国的经济起飞同样需要企业的领袖群体。

对大多数中国企业家来说，几乎没有人不知道美国通用电气(GE)、没有人不知道杰克·韦尔奇。但是，通用最伟大的领袖是查尔斯·科芬。许多人从没听说过查尔斯·科芬，这正是他的伟大之处。对任何一个CEO来说，从企业缔造者手中接过权力，都不是一件易事，更何况那位缔造者还拥有电灯、电话、、碱性电池、配电技术等一大堆发明专利。科芬在1892～1912年期间，领导通用电气公司完成了两项意义深远的创新：一是建立了美国第一家研究实验室，二是提出了系统管理开发的设想。爱迪生在上千人的帮助下，成为个人天才，而科芬创造了一个并不依赖于他本人的天才体制。他创造的企业理念和机制，使他领导过的通用电气历久弥新，并成为他人竞相效仿的楷模。科芬的后继者杰克·韦尔奇改进了通用公司的体制，在用人和增加企业利润方面展现了杰出的智慧，但韦尔奇不是这些概念的发明者，他只是继承者，是查尔斯·科芬为他们搭建了可以尽情表演的舞台。

查尔斯·科芬，是通用制度文化的奠基者、建设者。没有这样一个领袖就没有通用的今天，也不可能有杰克·韦尔奇以及后任者的辉煌——所有的障碍查尔斯·科芬都解决了，就如同美国政府，无论谁来当总统，这个国家核心的东西不会改变。

2000年底，美国《财富》周刊为纪念一个世纪的结束和新千年的到来，专门策划组织了一次推举一位20世纪企业家的活动。这个活动吸引了众多美国人参与，最后，候选人集中在四个人身上。他们分别是：福特，美国福特汽车创始人。福特不是汽车的发明人，但福特先生发明了汽车生意，并由此开创了美国人把"生活架在四个轮子之上"的汽车时代。这个时代改变了美国人的生活、文化甚至道德观念。

斯隆，通用汽车的第二任总裁，世界上第一位职业经理人。他发明了大企业的管理艺术，由于他的这种作为，使世界跨国公司的发展和控制得以实现。

小托马斯·沃森，IBM前总裁，老托马斯·沃森的儿子。他在父亲创业的基础之上打造出美国"蓝色巨人"——IBM。创造了二战后美国经济繁荣时期最脍炙人口的成功故事。

比尔·盖茨，他把今天的商业行为和生活构架在网络上。

上述四位，分别代表了他们所生活的那四分之一世纪，是那个世纪中最具有代表的企业家。巧合的是，他们又都在汽车和计算机行业中扮演重要角色。而这是两个比其它行业更能使20世纪区别于过去世纪的行业。这些人正好一半是企业家，一半是经理人：其中两位创建了大型集团公司，而且善于经营；另外两位则是大师级的经理人，给他们的老板和公司带来了巨额财富。

古典经济学家们着重论述了劳动、资本和土地这三个生产的要素，因此在其微观经济学理论部分，生产函数中的各项要素包括了资本、劳动、土地，就是没有企业家位置。新古典经济学体系的集大成者美国经济学家马歇尔在研究了众多经济现象后提出：在劳动、资本和土地之外，企业家构成了第四种生产要素。他认为：企业运转的诸多因素中，企业家是"1"，其它要素如厂房、贷款、技术管理等都是0，企业家不行，后面都是0，企业家行了，加一个0就是加了一个数量级。

从中国经济本身来看，我们不仅需要企业的领袖，而且需要行业的领袖。未来的5~8年，在中国真正起主导作用的是2000家左右企业，他们是所在行业的领导者、主导者，其它企业则是聚集它们周围的追随者、供应商。换句话说，它们是社会的总承包商，处于产业链的最高端。有能力做这个总"承包商"的毫无疑问是企业领袖、行业领袖。如果中国人不来当这个领袖，肯定有外国人来当：这是市场选择。今天，我们的企业和企业家应该站在这个角度来考虑这个问题，这也是责任。

企业领袖

企业领袖与企业管理者不同：领导者是去"做正确的事"(doing the right things)，管理者是去"正确地做事"(doing things right)。

企业在生存成长中需要领袖，如同一个国家需要总统，也需要总理一样。一个是指导者，一个是执行者、操作者。

这是因为，在世界经济趋于一体，企业竞争、产品竞争激烈残酷的市场环境中，我们企业的许多人实际上很茫然。这种茫然不仅仅来自于激烈竞争的市场，而且来自企业组织内部。企业人员时时面临市场机会的诱惑，也时时面临市场残酷的压力，企业前进中会经常遇到岔路口，企业和员工都需要有人指明方向，告诉我们，应该走哪条路。

这是因为，企业是由"N"个单个人集合而成的组织。在这个组织中，创业者之间、投资者之间、员工之间，以及他们相互之间由于不同的利益和目标，充满了矛盾与冲突。我们需要有人把不同的目标集合成企业的共同目标，需要有人能够在解决和化解内部矛盾的同时带领企业前进。

这是因为，综观世界企业成长史，没有哪个企业是靠自身扩张的方式成长起来的，也没有哪一个企业不是靠兼并而最后发展起来的。20世纪初的横向并购导致摩根、卡耐基、洛克菲勒等一大批企业巨人横空出世。

市场经济的资源配置是一种市场行为，这就决定了，整合社会资源需要能够驾驭这种资源配置的人、需要企业领袖。截止到2003年6月底，中国在工商部门注册登记的企业已逾800万家。从数量说，足以上吉尼斯世界纪录。从产品产量上说，中国的煤炭生产居世界第一，水泥世界第一，棉布世界第一，电视机世界第一，钢材世界第一，集装箱制造世界第一，微波炉制造世界第一，化纤世界第一……如此耀眼的成绩单可能使我们梦中发笑。但当我们醒来时，面对着站在自己眼前的国际巨人，我们无论如何也高兴不起来，平均1000万元还不到的企业经营性资产规模怎么也不能让人挺起腰杆。在一个资本吃遍天下的时代，中国企业的竞争实力显得太渺小了。中国的资源需要整合，而整合社会资源，需要能驾驭资源的人。

现代企业一百余年历史的发展，尤其是考察研究那些由于企业产品而改变了人类生活、那些由于企业产品而影响了所在国家经济的企业和企业家时发现，带领这些企业的企业家就是世人公认的企业领袖，如，杜邦、摩根、福特、松下等等，可谓星汉灿烂。

对中国企业来说，由于我们正处于成长阶段，我们更需要自己的企业领袖。我甚至以为，今天我们需要企业领袖，就如同一百年前中国需要革命领袖一样的迫切。领袖不是英雄，英雄代表的是个体，而领袖则代表了组织。

我们这个民族是讲求尊重权威的(与日本相同)，所以我们需要领袖。如果问中国目前有没有企业领袖，答案是肯定的：有，并且是一个企业领袖群体。

企业领袖有两层含义：一层是，企业领导人所领导的企业在这个行业中是相对的(世界、国家、地区)行业领导者，否则，企业将无法生存；另一层含义是，企业内部必须要有本企业自己的领袖，这是企业保持一致的重要手段。

任何一个人类组织的生存和成长都需要有自己的领袖——精神的和行政的。

当然，人类组织在生存成长过程中不是每个阶段都会有组织领袖产生。组织领袖的产生是组织成长的需要，更是组织生存环境使然，所谓"艰难困苦，玉汝于成"，所谓"时势造英雄"讲的都是这个道理。

同样，在组织生存发展过程中，并不是每个阶段都需要领袖来领导。如同一个国家：国家的缔造者、国家蓝图的绘制者、国家的构建者是政治领袖，而之后的总统、首相、内阁总理则是职业政治家了。领袖是蓝图的描绘者，后者则更多的是具体蓝图的实施者。尽管蓝图的实施者在实施过程中可以对蓝图的某个具体内容进行修改，但他始终不改"实施者"的地位。企业领袖的产生，一般来说，是以企业产生了相对稳定的领导层、领导集体、领导核心为前提的。每个成功的企业都必然有个与之相匹配的领导核心，中外企业概莫能外！也只有这样，才能保持企业高层的稳定。

在人类组织中，组织领袖的产生一般需要20年左右时间。

研究中国近年来市场成功企业，还有个比较一致的结论：企业领袖在企业掌舵时间远远长于企业领导平均在位时间。

当然，企业领袖不是政治领袖。企业领袖与政治领袖之间有许多不同，但也有基本相同的一面。同政治领袖一样，我们不能用道德标准、英雄标准，甚至圣人标准来衡量他们。同政治领袖一样，企业领袖也有个传承问题——这是我们在泛家族制一章中重点讨论过的问题。

既然是组织的领袖，在传承上，应该是思想、使命等的传承。所以，一个清醒的企业领袖，要在企业建立和形成这样一种制度：无论企业家年龄有多大，哪怕只有30岁，为了企业组织的成长和发展，他都要有挑选接班人的意识。成功的企业领袖有两个要素：第一是成就企业；第二是退而不坠。换句话说，就是不因领袖的身退企业走向衰败。中国企业领袖"成就企业"没有问题，但少有"退而不坠"的。更多的企业领袖是一再沉溺于做一代英雄。

美国的通用、欧洲的雀巢、日本的三菱重工等一批跨越了百年的企业都形成了自己企业的一整套相对固定的企业家传承制度。在这些企业中，不是什么时间开始挑选企业接班人，而是每时都在进行这项工作。

但遗憾的是，我们目前很多优秀企业和企业家却忽视了这一点。

在中国企业中，柳传志高明于其它企业的地方，是联想刚发展时就开始选择、培养接班人了。大约在1992年，联想企业领袖柳传志开始考虑后柳传志时代联想领军人物。他选了两个，这两个人是联想目前的少帅。万向企业集团的鲁冠球也在很早就开始考虑这个问题，这个准接班人目前是万向的总裁——鲁冠球的儿子。

企业领袖应该是一种团体的行为，而不是个体所为。如果你想成为企业领袖，你需要倡导建立一个可以持续生存、发展，具有国际竞争力的企业，而不是单单塑造个人形象。

一个组织最不稳定、最靠不住的，是高层的不确定，这种不确定对组织来说是可怕的，甚至是灾难性的。摩托罗拉前总裁曾说："我们最大的责任就是保证具有才能的高层领导人的连续性。我们总是尽心尽力挑选出一些久经考验的候补人，并实施最有效的培训计划。"

在华人企业家中有这样一种文化现象，即企业家比企业有名。很多企业领导人花大量金钱、大量时间塑造个人形象而不是企业的竞争力。从社会角度说，他们个人非常有名，但消费者并不知道它的企业究竟在干什么。

企业家应该具有领袖素质，否则就只能是企业中的职业经理人了。职业经理人是从商学院中可以批量"生产制造"出来的。

在我们中国的历史上，从来不缺革命领袖，我们甚至有"革命领袖教科书"——《水浒传》、《三国演义》等等。每次的王朝更迭，造反的领袖们用来聚集群众的口号和手法基本一样。

但我们缺少企业领袖。我之所以在这里讲这个问题，是因为我们中国的企业家本身是缺少传承的。

当然,这是不足,可能也是优长。

不足是说,中国这代企业家注定是创业者,这很累、很悲壮,因为大多数创业者会成为失败的一族。

优长是说,中国这一代企业家应该是没有包袱、没有框框的一代。我们可以用世界上最先进的经济理论、管理理念来武装自己。所谓"一张白纸",可以画最新最美的图画。

我们先说企业家。

企业家的产生需要两个条件:一是制度。所谓环境造就人,资本主义自由经济制度为企业家的产生提供了制度环境。

二是文化(理论、宗教)。新教理论为欧美企业家的产生提供了宗教般的生长土壤。

我曾同许多人探讨过:为什么在印度这个实行了五十多年市场经济的国家,企业和企业家的成长却比较缓慢?起码至今我们还没有听到有像欧美、日本那些影响了世界的企业家,更别说企业领袖了。

我想,答案只有一个:特殊的文化。

与欧美企业家比,一百余年来中国企业家的成长环境由于缺少上述两个先天条件,这使中国企业家精神的创造也具有先天不足的特点。翻开中国近代史,从19世纪80年代开始至今,在中国这块土地上成长了三代企业家(注意:在传统上中国把企业家称为商人)。

第一代,以洋务运动为标志。当时,中国一个新型社会阶层——绅商阶层出现。这代企业家严格意义上说,更多的是商人。从本质上看,绅商阶层是经济实力与政治权力的结合体。代表人物有孙家鼐(咸丰己未科状元,1859年)、张謇(光绪甲午科状元,1894年)和所谓"红顶商人"胡雪岩、盛宣怀。这个阶层具有复杂的形成过程,亦官亦商，在政界与实业界双栖是这个阶层的最大特点，也是他们与传统商人的最大区别所在。这种状况持续到1911年辛亥革命后的民国初年，北洋军阀政府对经济的控制力极大削弱，中国经济发展具有自由资本主义初期发展的特征，这个时期孕育了第二代中国企业家。

第二代，以民族资产阶级登上中国经济舞台为标志。北洋军阀时期，由于政治控制力的削弱和资本主义经济的发展，中国资本主义工商业者遂联合成一股不容轻视的社会力量。据当时的统计，1912年全国共有华商商会794个，而1919年5月刊行的统计则表明全国华商商会实存数已增至1238个，其中总商会55个。1920年以上海的上层资本家为核心成立了全国工商协会，虞洽卿任会长。这个协会就是资产阶级为了维护全国工商界利益而同军阀政府打交道、搞合法斗争而设立的。1927年，当大革命的风暴一起，资产阶级欣然接受了"打倒帝国主义"、"打倒军阀"的口号，他们幻想通过革命建立的新政府做他们的保护神，实现他们无法实现的政治经济目标。上海工商界为扶植蒋介石主动提供了1000万元的巨款，资产阶级的慷慨无意中为蒋介石提供了一座富有的"金矿"。初创的南京政府开支大得吓人，平均每个月需要2000万元才能维持政治与军事开支，筹款成了政权存续性命攸关之事。

第三代中国新企业家的出现，经历了半个世纪的洗礼，而且与前两代由于历史和政治的原因已经没有了血缘关系。

1949～1957年是一段让当代人难以评说的历史，要想对这一打破人类千百年来形成的自然秩序的惊天动地之举及其后果做出不被历史否定的评述，还有待历史良心的出现。消灭私营经济是通过政权力量，分成"扶植、利用、限制"与"利用、限制、改造"等几步走完的。经过反右、大跃进,私营经济终于在中国消失了长达20年之久。也就是说,进入80年代中后期以后,私营企业的发展以及法律地位的逐渐变化,才慢慢形成了一个平均文化素质高于全国总人口水平、占有资产的数量远远大于其它人的特殊阶层——企业家阶层。这个阶层的组成人物,大多数就是各个民营企业的创始人。

研究第三代企业家,我们不能不研究一下这代企业家的主体:民营企业的成长发展模式。

第一种,可以说就是具有企业家精神的企业家。一个杰出的企业家,敏锐地把握住了市场,找到了产品的市场空间,就能做起来一个企业。

这些企业家中,历史如果给了他们机遇,他们中很可能出现企业领袖。如万向的鲁冠球、万科的王石,等等。

第二种,是历史赋予的各种各样的机遇,一旦抓住,也能成功。如20世纪90年代初期,同联想一样靠代理国外品牌电脑起家的达因企业集团的张璨夫妇。

这些人,大部分可能就是这个时代造就的先富起来的人,仅此而已。

第三种,是由于政策的扶持或者是"钻政策的空子"。比如政府给予优惠政策、税收减免等措施,同样可以扶持起一些民营企业。

在近30多年中国经济快速发展过程中,中国企业家的命运也是各不相同的:企业家舞台上的长青树不多,差不多是各领风骚三五年。

分析中国企业家队伍中缺少长青树的根源,就必须要问一问,那些企业家为什么落马?

结论似乎非常简单:诚信和使命感(使命的问题最终也归结到了诚

信这一点)。

靳羽西是个在中国影响力很大的女人,她和国内很多政要、企业家都有着较为密切的联系。2002年7月,她很痛心地对记者说:我的好多企业家朋友都被抓起来了,连前建行行长王雪冰也出事了。她说,中国的很多企业家为什么很难做到百分之百的真诚呢?她的痛心来自于西方关于企业家精神的一个重要理念:你可以偶尔对某个人撒谎,但是你却不能永远对所有人撒谎。

许多中国企业家犯罪多为经济犯罪。靳女士的那些朋友也正如靳女士所说,将游戏规则扔在一边,把财富的再分配看得比财富的生产更为重要,于是在风光之后一个个落下马来。靳羽西质疑道:"真的是无商不奸吗?""无商不奸"这样一个词,可以从深沉的历史积淀中寻找语义的渊源。国人早就又总结出另一句话:马无夜草不肥。这让人很困惑:生意做大必须要有猫腻吗?

我不这样看。

我以为,中国企业家的落马,在于这些人的短视,在于他们缺乏继续创业的动能,也在于他们缺少企业家、企业领袖的大气和高瞻远瞩。

这不是在简单意义上指责某个企业家人品不好,而是对企业家群体社会心理层面的担忧,是"急功近利"、"小富即安"在企业家群体身上的表现。

被称为企业家长青树的原广东健力宝集团董事长李经纬先生被广东省人大撤销了全国人大代表资格,原因是涉嫌贪污。此时,中风之后偏瘫的李孤独地躺在一家医院里,陪伴左右的是反贪局的官员们。18年前,李经纬还只是广东一个不知名的偏远小县三水县体委的一个普通干部,但是1984年全世界的观众从当时的奥运会赛场看到了中国女排夺冠进程中所喝的饮料,大惊小怪的日本记者更是把中国女排打败日本队的原因归结于这种"魔水"。从此"健力宝"这个品牌"出口转内销",一跃而成中国最为畅销的运动饮料,市场最高份额达到20亿元人民币。

导致今天的结果,我以为原因恐怕只有一个:私念和短视。由于这个原因,李经纬把自己推进了犯罪的泥潭。

这是我们这一代企业家的集体悲哀,是中国企业家文化的一个弱点。

在中国三十余年的企业发展中,我们少有持续生存十年以上的企业。所以,那些持续发展的企业,那些持续发展并壮大的企业,它们的经验和做法就显得弥足珍贵。因为,同是乡镇企业,万向集团实现了超越和蜕变;同是靠代理国外品牌掘到第一桶金,联想把当时的领跑者远远甩在了后面;同是靠购买、引进国外的生产线,格兰仕制造出了世界第一。

这也是历史。

企业家与企业领袖

企业家不等于企业领袖,但企业领袖首先应该是一个企业家。

什么是企业家?

关于企业家有不少定义。有些人将企业家看做是任何创建新企业的人;另一些人强调的则是目的,主张企业家寻求的是创造财富,而不仅仅是把开办企业作为挣钱的一种手段。

杜拉克在《管理实践》中引用俾斯麦的话:要寻找一位教育大臣再容易不过了,只要找个白胡子老人就可以。然而,要寻找一位好的厨师却不怎么容易,好厨师必须是一位万能天才。杜拉克认为,企业家也应该是一位万能天才。

企业家与企业领袖有相同和相近的地方。

企业家的定义虽然多种多样,但有两点是肯定的:第一,企业家是把各种生产要素组合起来,并把它们运作起来的人。

第二,企业家是能动的。

这种能动性作用,也是企业领袖的特点。

企业家的另一个特点是他们的精神、素质和才能往往是不可传承、不可通过任命传授的。这就是为什么很多成功的大企业家,当他们老了或去世后,如果他们把企业管理、操作交给自己儿子的话,能够像父辈创业者那样成功的很少见的原因;这就是许多企业因一个人而兴、因一个人而亡的原因。以王安电脑为例：王安是个很成功的创业者和企业家，王安老了以后，以一种很典型的中国人的方式把公司传给自己的儿子，他的儿子不但是公司的所有者而且是管理者，但他远不具备王安所具备的那些素质。所以很快，这个公司就难以为继。而此时的王安已身患癌症做了手术，他不得不抱着残缺之体来收拾局面，后来王安很快就死掉了，随后王安公司宣布破产。

从企业主、企业领导到企业家，企业主、企业领导与企业家咫尺天涯，有的企业主前天和昨天算是企业家，但今天不是企业家了。

那么，企业主、企业领导如何成为企业家？答案大概是要超越赚钱、超越名利，全身心做企业。在中国这样一个"官本位"意识浓厚的国度里，企业主、企业领导要想成长为企业家，需要解决做企业与赚钱的矛盾，也需要解决做企业与做官的矛盾。赚钱与做企业的真正统一，做大企业与做大自己名利的统一，是企业主和企业领导成长为企业家的重要前提。

1.超越身份，扮演杰出角色。从整个华人社会来看，我们有很多巨富，但少有"巨人"企业，往往企业家比企业有名，这是我们的一大文化缺憾。一些企业主、企业领导可能过于看重自己的地位和身份，把自己看得太高，认为自己有钱又有势，似乎有钱有势就有一切。这样，就会产生桎梏。企业主、企业领导成长为企业家的关键在于其作为和所扮演的角色。企业主、企业领导主要是企业的所有者或拥有者、行政主管，企业家则是企业的作为者，而且是充分的作为者。

在不同的客观环境和时代条件下，企业家要扮演的角色是不同的。尤其是中国的企业家，一方面他们处于相对不成熟的环境之中，企业的运作受到许多非市场因素制约（不可否认，这里面也存在许多机会）；另一方面，又要面临国际化的挑战。

2. 企业家是企业的"船长"。我多年服务的COSCO公司是世界上名列前茅的远洋运输企业。在具有远洋传统的欧洲，船长是非常受人尊重的职业，甚至成为一种荣誉。船长最重要的行为之一，是沉船的时候他必须是最后一个离船的人。包括我们在观看《泰坦尼克号》中的船长在内的许多船长，危难时刻，都与他们所在的船一同葬身大海。这是一种职业操守。

做企业同样需要这种精神。

3. 企业家是企业的布道者。企业家应该是布道者，是企业的"教父"。海尔的缔造者张瑞敏在回答记者关于"你在企业充当什么角色"的提问时说：第一是设计师，在企业发展中如何使组织结构适应企业发展；第二是牧师，不断地布道，使员工接受企业文化，把员工自身价值的体现和企业目标实际结合起来。

企业经营者的人格魅力、表率作用，是企业文化的重要组成部分，一定程度上讲，企业家有多高的修养，这个企业就会有多高的文化水准。亨利·基辛格有一段名言："一个领导者的天职，是要把群众从现在的地方带到一个他们从未去过的地方。群众对自己要去的地方并不十分了解，领导者就必须呼风唤雨，显示出远见卓识。不这样做的领导尽管一度可能得势，但是最终注定是要失败的。"

办企业说到底是"办人"，而靠企业家一个人是支撑不了企业大厦的。众多员工的力量需要靠企业家来凝聚和统领，所以一个合格的企业家必然是一个合格的布道者。

联想柳传志在"我怎样当总裁"的演讲中有这样一段话："企业

的一把手跟下级员工之间的关系,就是大发动机跟小发动机的关系,你所带动的不是齿轮,不是螺丝钉。员工也可以成为一个发动机,而且能跟你同步。如果能够做到这样,这个企业活力就非常大。"

企业家通过不同方式将企业经营理念贯彻到企业各个层面中去。杰克·韦尔奇在统领通用的20年中,通过"布道",先后将GE的"数一数二"战略、"群策群力"的领导方法和"六西格玛"的全流程质量体系贯穿到GE的血液之中,从而再创了企业辉煌。

企业家要能从实用的角度对企业的精神、使命做解释。比如孔子,什么是仁,孔子在不同时间、地点和对不同的人有不同的解释。

在研究万通时,就发现在《万通》内刊上,每年的新年献辞都是冯仑亲自写的。这也显示出企业领袖长期坚持以战略来统一员工思想的大局观和影响力。今天,冯仑"十论万通"已经成为业内研究、了解万通的基础。

4.做会讲故事的企业家。我们看《圣经》、《古兰经》、《论语》这些超越千年的人类"宝典",实际上都是"人类童话",是在讲一个个故事,通过讲故事阐明道理。

企业家思想的传承,也应该从说故事开始。由于人们习惯于以"询问"及"聆听"的方式来向他人取得知识和行动准则,而不是通过文字、理论灌输得到。因此,借由说故事来诉说事件、诠释相关思想的确是比较容易引发人们的兴趣、产生较深远影响、很快见诸行动的方式。其实,说故事也是每个人与生俱来的天赋。将说故事手法巧妙地运用到企业,的确可以促使员工愿意敞开心扉,进而达到企业家思想传承、教育引导员工的绩效。

为使自己的管理人员更有效地进行故事叙述,1965年,美国有蓝色巨人之称的IBM专门在纽约的管理发展部聘请了在好莱坞有15年剧本写作和故事编辑经验的彼得·奥拓作为他们的咨询人员，在有效叙事的训练上教给IBM的经理编故事的经验。

在中国，联想和海尔是中国目前最会讲故事的企业，而他们的掌舵者，几乎所有都是讲"企业故事"的高手。

关于企业家和企业领袖有种种定义和说法，我们说，一个企业家如果做到这上述四点，这个 企业家自然能成为在企业内外都具有号召力、凝聚力，当之无愧的企业领袖。

企业在顺境中，企业领导的工作好做；企业遇到逆境、企业处于市场低谷中，这个企业就需要具有企业家精神的企业领袖风范的人来带领企业走出低谷、走出逆境了。往往这个时候也是这个企业产生企业领袖的时候。

企业家精神

我曾看到这样一个调查：在美国，每16个人中可能有一人具有企业家精神；在欧洲，每26人中可能有一人具有企业家精神；在日本，每36人中可能有一人具有企业家精神；而在我们中国，每200人中还找不到一个具有企业家精神的人。

我不知道这个统计的真实性如何，但有一点是确定的：并不是只有企业家才有企业家精神。那么，什么是精神？有件事很使我震撼。

优秀企业的精神灵魂

几年前，我读到白求恩家乡人写的一篇回忆文章。白求恩青年时期患了严重的肺结核，20世纪20年代链霉素还没有出现，结核病同今天的癌症、艾滋病一样，是人类的不治之症。当时，对肺结核的治疗只有两种办法：一种是保守治疗，等待疾病自己康复，但这几乎是不可能的；另一种是人工气胸，稍有医学常识的人都知道，人工气胸有很大危险，甚至会危及生命。但这是当时从根本上治愈结核病的唯一方法。是等死还是在死亡中寻求活的希望？白求恩选择了后一条路，因为他不愿在病床上度过余生。这时，他刚刚结婚两年。为了不连累心爱的妻子，在治疗前他又毅然选择了离婚。在他的坚持下，妻子同意了他的选择，但要求 照顾治疗中的白求恩，这个要求依然被白求恩拒绝了。一年后，白求恩终于从死亡中突围出 来。他又选择了去西班牙做战地医生，内战结束，他又来到抵御日本侵略的中国，站在了中国人民一边。

看这篇回忆文章，我重温了毛泽东的《纪念白求恩》。我知道，有这种精神的人，是注定要在平凡中做出不平凡事业的。

什么是企业家精神呢？

万科董事长王石的答案是："偏执+执著+赢利"就是企业家精神。王石认为，企业家与其它人的不同点是偏执，执著还不能说明问题。企业家除了偏执之外，偏执里面还要包括执著，别人认为不可以，他却认为可以。要把组织能力变成可能，而且还要赢利。

企业家精神实际上是指企业家组织建立和经营管理企业的才能表述方式，它是一种重要而特殊的无形生产要素。如我们所熟悉的索尼公司创始人、企业家井深大，他创造的最伟大的"产品"不是收录机或栅条彩色显像管，而是索尼公司和它所代表的一切；沃尔特·迪斯尼最伟大的创造不是《木偶奇遇记》或《白雪公主》，甚至也不是迪斯尼乐园，而是沃尔特·迪斯尼公司及其使观众快乐的超凡能力；萨姆·沃尔顿最伟大的创造不是沃尔玛要领而是沃尔玛公司——一个能够以最出色的方式把零售要领变成行动的组织。

这就是企业家行为和企业家精神了。

沃尔玛公司创始人萨姆·沃尔顿说："我一直把全部精力用于建设一个最优秀的零售公司，仅此而已。创造巨大的个人财富从来不是我特别追求的目标。"

也有经济学家对企业家从不同角度做了定义：第一种精神就是杜拉克所说的创新精神。美国企业管理学家杜拉克认为，企业家精神中最重要的是创新。杜拉克1985年出版了《创新与企业家精神》一书，此后创新似乎成为企业家精神的代名词。他认为，不管是什么样的人，不管是企业的经营者、政府的总理，还是普通的工人或职员，他都可以成为一个企业家，只要他处于创新阶段。这是杜拉克所理解的创新意义上的企业家。

第二种精神就是韦伯总结出来的资本主义精神。韦伯说，事业的成功与宗教联系在一起，努力工作的人是上帝所选取的子民；如果不能把利润最大化，你就缺乏理性精神，你就不是上帝子民，这是一种狂热并由此产生的敬业精神。

第三种精神来自经济学家道格拉斯·诺斯所说的合作。他把政治家也看做是企业家，因为政治家与企业家有相通的地方，即无论谁，只要他从事的工作是组织合作，是把社会上一些不同的人放在一起，形成一个小群体，或者把一盘散沙组织成一个社会——这是政治家的任务；从事人类合作的秩序创新，或者是人类合作的专业工作的人，就叫企业家。

"创新、敬业、合作"是企业家精神的三大支柱。

企业家精神的培养主要是制度。但是，企业家们绝不应该因为制度的不完善就放弃对企业家精神的追求。说穿了，企业家精神是一种境界，是个人人可以达到的境界。日本有个挑着扁担卖菜的，后来办起了蔬菜派送公司，再后来办成了分布16个国家、拥有461个企业的国际知名企业，这个人就是日本的阿信，这个公司就是"八佰伴"。尽管它在创业之初就遇到重创，1950年的一场大火将其辛苦经营多年的蔬菜铺烧个精光，阿信就租了温泉浴室，带领大家重新干。可令阿信想不到的是，1997年9月，八佰伴破产了。八佰伴倒闭的原因是多方面的，其中最主要的有三条：一是日本经济大背景的影响。随着日本经济的衰退，日本的流通业鼎盛时代已经过去，像八佰伴这样大的传统型的流通企业也跟着走下坡路。二是决策者的判断出现重大失误。在日本经济衰退期，八佰伴却在大规模铺摊子，加剧了经营效益的恶化。三是误信弟弟终坏大事。和田一夫的亲弟弟，公司"第二把手"把和田一夫架空了，多年的汇报是假的，财务报表是假的，公司的繁荣是假的。这些哪能不导致企业的失败！农民出身的四川人刘永行，干过个体，办过小厂，后来成为中国最大的饲料集团的总裁，拥有资产五十多亿元、连续十几年稳坐中国饲料行业头把交椅。刘永行说："每一种新的猪饲料生产出来，我都要尝尝是什么味道，这样才知道猪吃了是什么味道。"

我以为，一个成功的企业家不是财大气粗地喊叫，不是千方百计地作秀，不是过于务实和功利，而应该是具有大勇气、大想法、大气魄，能给中国未来带来信心的一种精神。

企业家精神是企业家共性与个性的统一，一个伟大的企业家，肯定具有企业家精神。我们可以试着总结一下，中国企业家精神中应该包含一些什么样的精神：

(一)永不衰竭的创业精神。

从地缘经济学角度说，我们自古以来生活在东亚季风区，自然条件不好，灾变多，在几千年的历史竞争中，每个中国家庭都形成了一种精神：靠自己的力量拼搏、重视后代、勤俭积累、敢于冒险。这实际上也是一种企业家精神。

但是，中国人也太容易满足。对中国企业家来讲，最重要的是要保持永不衰竭的创业精神。以创业打天下的心态经营企业，企业才能有生命的活力。其实，我们许多企业家具有"开国皇帝"的心态，这种心态，实际上就是把企业当成了自己的"家"。由于中国两千年的儒家传统，中国历史上形成了一个相对稳定的官僚阶层，这是中国皇帝统治的基础。而企业不同，如果不能保持创业精神，企业的运转将停滞，企业将僵滞，企业将失败。

(二)求真的精神。

什么是"真"？"真"就是要回到财富创造的本身。有这样一个故事：一次在取汽车钥匙时，李嘉诚不慎丢落一枚2元硬币，硬币滚到车底。当时他估计若汽车开动，硬币便会掉到坑渠里。李嘉诚及时蹲下身欲拾取，此时旁边一名印度籍值班员见到，立即代他拾起。李嘉诚收回该硬币后，竟给他100元酬谢。李嘉诚对此的解释是：若我不拾这枚2元硬币，让它滚到坑渠，这枚2元硬币便会在世上消失。而100元给了值班员，值班员便可将之用去。我觉得钱可以用，但不可以浪费。"

这件小事说明了李嘉诚的一种理财哲学，也说明了他的思维风格，这就是用社会总净值的增损来判断个人行为合理与否。只要社会总净值增加了，自己损失一点也不算什么；相反，如果社会总净值减少了，自己即使收获了一定的财利也是损失。

不要小觑了着眼社会总净值的思维方式，这是关系到国家富强的大问题。亚当·斯密在《国富论》中有这样一个重要论点：人以自利为出发点对社会的贡献，要比意图改善社会的人贡献大。这样的"自利"或者说"自私"就有几分可爱了。因为如此，"自利"能给别人带来利益，自己的"利"和别人的"利"加起来，社会总净值必然会增加，国家自然富强。

用社会总净值衡量，也能说明制造假冒伪劣产品的行为为什么可恶。制假贩假的人可能获利，但假货造成的资源和人力成本的浪费，最终造成的是社会总净值的减少。如果任其发展，势必削弱国力。一部分借此先富起来的人和其它被剥夺了财富的人组成的是一个不平等的社会。

李嘉诚的境界是富国的境界，他的心态既是传统文化的异质，也是不规范的市场经济文化的异质，值得我们好好揣摩。

简单的小事情把它做到极致，就成了一番大事业。"沃尔玛"是世界闻名的以零售业为主的商业集团，在沃尔玛，人们可以买到家庭所需要的所有物品，大到家用电器，小到针头线脑儿。"沃尔玛"所售的商品价格公道，很少发现有超过其它商场价格的商品，因此利润极低。对想大干一番事业的商人来说，很少会涉足零售业，因为干这一行根本不可能在短时期内实现赚钱的目标，而且因为竞争对手众多，资金占用量大等具体情况会带来很大的商业风险。

第九章 优秀企业离不开优秀的领导

但是，沃尔玛却给了世人一个奇迹，它所拥有的财富已远远超过了世界首富比尔·盖茨。在著名的《福布斯》杂志上，沃尔玛出人意料地排在了第一位。

许多经济学家都想解开沃尔玛的成功之谜，但结果却平淡无奇，沃尔玛的成功归结到一点就是："吝啬"。

2001年，沃尔玛在中国大连开了一家店，他们打出的口号是：为大连人民每人长一级工资。他们是怎样保持低价的呢？有位记者曾经隐身于沃尔玛作过一个蹲点调查。他看到的沃尔玛商场富丽堂皇，但当他设法找到沃尔玛管理层办公室时，却发现办公室十分简陋，而且空间狭小，光线也不好。他认为这可能是个别现象，又设法找到沃尔玛在城市中的总部，总部的办公室简陋得更令他惊讶，这间只有十几平方米的办公室挤在许多商铺之中，如果没有招牌的提醒，很难让人相信这是堂堂"沃尔玛"的办公室。除了办公设施简陋外，记者还发现"沃尔玛"的办公室里的纸都是双面使用的，这在中国的公司里是极其罕见的。记者在调查中还发现沃尔玛的一个奇怪的现象，就是一旦商场进入销售旺季，办公室里从经理开始的所有管理人员全都到了销售一线，分别担当起搬运工、安装工、营业员和收银员等角色。

这样的场景只会发生在一些小型公司里，而且这种行为常常被人视为"不规范管理模式"，但在沃尔玛这样的大集团中却司空见惯。记者也赞同管理学家们的结论，沃尔玛赢在"吝啬"。许多人都知道吝啬可以创造财富，但是很少有人像沃尔玛那样一以贯之，并且让吝啬成为公司的一种经营理念。

在创造财富的道路上，我们听到过许许多多理念，每一个都有大量的理论支持。但是沃尔玛却用家庭式的节俭之道创造了巨大的财富。

它告诉世人，创造财富有时候不需要什么太多太复杂的理念和模式，创造财富的道理其实很简单。

"真"是一种很难达到的境界，但"真"又是企业家精神中至关重要的一种素质要求。

在筑就企业家精神的过程中，返璞归真是最高的选择。这就如同，如果脱离了"为人民服务"这个看似简单的宗旨，人民还会拥护他吗？

我们的企业家现在多的是奢华，少的是朴素。对比之下，是不是应该好好反思呢？

(三)忍辱负重的精神。

中国有一个传统理论，叫宁当鸡头不做凤尾。所以，在内蒙古有一家著名的乳品企业集团，由于主要领导的互相不容忍，现在已经分成了三家。截止到2002年底，这三家日处理原乳的能力加起来不到1500吨。1500吨是什么概念呢？也就是说，三家加起来不如欧美一家乳品厂的处理能力。世界上成功的企业是越做越大，这几年，中国的企业做着做着就分家了，浙江的李书福、四川的希望都是如此。我们总说要做大做强，但我们又总在"鸡头"与"凤尾"间争执。这是中国人和中国企业家"丑陋"的地方。

这不能不引起我们的深思。有个老上级曾语重心长地教育我说："受不得委屈怎么能当领导呢？"

在中国做企业家，也应该能受得了委屈。有"宁当鸡头不做凤尾"的心劲儿，但更应该有"忍辱负重"的精神。最后，往往是能忍辱负重的人成了大事。

"负重",是中国企业家精神中最应该具有的重要内容。

企业家要学会妥协。妥协被认为是软骨头,其实,妥协是人类发展、融合的基础,妥协经济将成为企业市场交往的主流形式。20世纪90年代初有一班飞机被劫持到厦门,劫机犯拉响了手榴弹,使停在跑道上的飞机相撞,死伤好几百人。后来在类似事件中,我们改变了方式,牺牲一下原则,换来的是实际利益。中国三千年来的历史中如果把一些不必要、不理智的斗争换成妥协,今天中国肯定是全世界最富有的国家。

(四)经营企业而不是经营个人精神。

我一直赞同张维迎教授的说法:用全球的500强企业和华人企业相比,500强企业有名,企业家没名;华人企业是企业家有名,企业没名。比如李嘉诚先生,他的企业叫什么名字,中国人没几个人知道,但是说李嘉诚谁都知道。诺基亚的董事长是谁?一般人未必知道,但是这些公司如雷贯耳。我个人把它归结为中国人在建设自己、建设领袖中心型企业;跨国公司是建设制度,而且那种制度建设得确实非常好、非常奇妙。

在企业经营和企业家经营上,我们更善于经营企业家,所以,华人企业家比企业更出名。这是我们为什么做不成百年老店的原因之一。我们知道陈嘉庚,但有多少人知道陈嘉庚的企业名称?我们知道世界船王包玉刚,但又有多少人知道包玉钢创办的世界环球航运公司呢? 相反,杜邦不在了,但杜邦公司依然在影响着世界;路透不在了,路透社依然是世界上著名的新闻通讯社。

现在,没有多少人知道波音公司的CEO是谁,但知道飞机的人就知道波音737、波音747、波音777。

企业家的传承是通过企业的延续得以实现的。所以，中国企业家精神中，我们应该提倡全心全意经营企业，而不是刻意地去经营企业家自己。

(五)勇于放弃的精神。

没有永远的市场，没有永远的顾客，没有永远的产品。一个成功的企业家，必须学会在放弃中成长。

这就如同军队打仗，不知道退却的将军不是一个好将军，不善于组织退却的将军是不称职的将军。

市场在快速变化，外部环境不确定性在增加，企业经营业务的挑战也日趋严峻，企业靠不断开拓新业务来迎接挑战。企业不能只投入时间、资源实施多元化经营，却很少关注旧业务的割舍。其实，开展新业务和退出旧业务是企业成长过程中不可分割的两个方面。所有百年企业，都是勇于放弃的高手。

美国通用电气原CEO韦尔奇，主政GE的20年中，就是在不断放弃中进入新的领域与行业的，使企业保持了"火力"和发展的动力。

勇于放弃，是说企业家要敢于放弃自己"起家、创业"的业务产品，要敢于放弃自己投入经历、感情打造的产品和企业。因为市场是无情的。

诺基亚原来是一家木材加工商，为了进入电信行业，前一任董事长兼CEO在董事会的压力下自杀了。现任董事长奥利拉上任后，感到他的前任没有错，毅然继续这个事业。其间，一个为诺基亚做出重要贡献的经理也自杀了。两个高层自杀，这在诺基亚历史上，甚至在挪威全国都是罕见的。但奥利拉没有退却，终于打造出了世界第一移动电信产品供应商的企业。

可见，放弃是需要勇气的。

(六)传承企业而不是传承血脉的精神。

企业家为什么要传承？企业家作为人，他毕竟有生命局限，说白了，就是早晚也要死亡。从另一个角度说，他在管理上也有生命周期。

美国管理学者哥伦比亚大学的汉布瑞克(Hanbrick)和福克托玛(Fukutomi)近年来提出了企业总裁和高级主管的管理生命周期理论：

(1)企业总裁的领导经验的多少与企业业绩高低之间是一种抛物线曲线的相关关系。在抛物线的顶点之前，企业业绩是上升趋势。过了顶点，是下降趋势。前期企业业绩与领导经验成正比，后期成反比。

(2)企业业绩下降的原因主要不是激励机制，而是企业家的思维方式、领导方式和企业决策机制的问题。在抛物线的顶点之前，企业家的思维方式、领导方式及决策机制是企业发展的动力，顶点后则成为企业发展的阻力。

(3)思维方式、领导方式在每一个企业家身上是一个逐步形成到不断刚性化的过程，这一过程构成了该企业家的整个管理生命周期。这一周期分为五个阶段：①受命上任；②探索改革；③形成风格；④全面强化；⑤僵化阻碍。

(4)在总裁管理生命周期的五个阶段中，总裁绩效始于上升，继而持平，最后下降的抛物线现象，大概有认知行为模式、职务知识、信息源质量、任职兴趣和权力五种因素在起作用，其中最主要的是"认知行为模式刚性"和"信息源宽度和质量"。

(5)所谓认知行为模式刚性包括两方面的内容：一是总裁个人的世界观和价值观，即"长期形成的信仰偏好，那些习以为常的思维方式"。每个成功的企业家都有自己一套世界观、价值观。二是企业家的领导方式，即与个人世界观、价值观"紧密相连的一套得心应手、轻车熟路、用惯了的工作方式和分析手段、办事方法"。这些思维和工作方式的差别，就形成了每一个总裁个人的特殊认知行为模式。企业总裁的管理生命周期理论，对企业家任职期间思维方式、领导方式的变化规律及其原因提出了比较中肯客观的分析，所有成功的企业家皆应作为借鉴。

上面，从生理和生物角度证明，企业家必须要传承。

我们从企业本身看，依然需要传承。

企业第一，宗族、血脉次之。企业家因以精神进行企业传承，而不是以血脉传承，因为企业家不是皇帝。

我们是个儒教国家，宗族和血脉理念根深蒂固。我们看到很多老革命，战争年代，他可以抛头颅洒热血，他本人可以过生死关、金钱关，但在晚年，他过不了子女关。这个问题曾经成为20世纪80年代前后一个重要的社会问题，为子女以权谋私、官倒，等等。

王安实验室是计算中心设备生产商，到1984年它的营业收入达到22.8亿美元，一度雇用了32.08万名员工，成为波士顿地区的最大雇主。王安于1951年创立王安实验室，他生于上海，25岁时移民美国。王安实验室在20世纪50年代末成为上市公司，它的发迹成为人们津津乐道的美国新一代伟大的高科技企业成功的故事之一。但是到80年代中期王安准备退休时，他坚持让位给他美国出生的儿子弗雷德·王。后者被迅速提拔，地位超过了几位资深高级经理，其中包括约翰·康宁翰(John Cunningham)，而公司内部的人都认为约翰才是理所当然的接班人。王安公然的任人唯亲的举动疏远了众多的美国经理，很快他们便纷纷离开了公司。

随后出现的王安实验室的大滑坡即便在变化无常的计算机产业,也是令人震惊的。弗雷德·王接管公司后的第一年,公司首次出现亏损,在四年之内,为它带来利润的市场有90%已经消失,1992年,它申请破产。老王最终承认他的独生子无法胜任公司经理,并被迫将其解职。

在中国企业经营中也有这个问题。红塔集团原老总褚时健,实际上也是倒在子女身上。

企业家把班交给谁是企业个案,很难用一句话或一个标准来概括。但是,在制度环境逐步完善的情况下,一个具有企业家精神的企业家,是应该舍弃宗族和血缘情结的。

否则,中国的企业做不大,也走不长。

2001年,美国总统布什为刺激经济,公布了16万亿美元的减税计划,包括普遍降低个人所得税税率、为已婚夫妇减税、取消联邦遗产税、增加慈善捐款的税收扣除等。收入越高,减税额越多。显然,减税计划将给拥有美国大部分财富的最富有阶层带来巨大好处。然而,消息一公布,美国120位最有钱的富翁竟然主动上书国会请愿,要求继续征收遗产税,造福穷人。他们认为这将减少政府的财政收入,从而减少了政府对医疗保险、社会保障、教育等领域的投入。这些富人包括:"金融大鳄"索罗斯、世界第四富有的投资家巴菲特以及美国首富微软总裁比尔·盖茨的父亲威廉·盖茨。巴菲特在接受《时代周刊》采访时说:"取消遗产税是个大错误,是极其愚蠢的。取消遗产税会造就一个贵族阶级。"拥有280亿美元资产的巴菲特和拥有420亿美元资产的比尔·盖茨也表示,死后要捐献出大部分财富。这些创业型美国富豪身上的"美国企业家精神",的确为中国企业家提供了如何对待财富的学习榜样。

(七)合作与尊重对手的精神。

中国企业家的一个软肋是不会合作,不善于合作。"一个中国人是一条龙,三个中国人就成了虫。"这是一句让每个中国人听起来都颇感无奈的话,即使在人人都呼吁合作的前提下,中国同行间的不合作,甚至自相残杀的历史也很难被改写。

其实,一个真正的企业家应该学会尊重对手。

对一个产业和企业家而言,最具危机的,不是看到对手的日益强盛,而是目睹对手的衰落——在很大程度上,这预示着一个产业正走向夕阳,或市场竞争方式的老化。

在百事可乐最初的70年里,它一直是一种地方性的饮料品牌。直到20世纪初,它找准了一个对手——老牌的可口可乐,并相应制定出"年轻一代"的品牌策略。一个新的时代开始了。于是这对伟大的对手,从彼此的身上寻找到了灵感和冲动,并造就了一场伟大的竞争。正如后来的经济学家所评论的:"百事可乐最大的成功是找到了一个成功的对手。"

这样的对手,这样的竞争,无论过去多少年想起来都会让人肃然起敬。物竞天择,如果不是在同一个起跑线上,那么尽管你取得了胜利,也是没有多少意义的。好的朋友难找,而好的对手似乎更不容易找到。生活中,人们总是喜欢找比自己棋艺高的人下棋,而对比自己差上一大截的人不屑一顾,原因就是能真正打败你的人如果败在了你的手下,会让你产生某种成就感,否则的话,虽败犹荣,只有这样你的棋艺才会蒸蒸日上。尊重你的对手——如果有一个好的对手,你更要好好珍惜它，甚至热爱它——它会在你不经意之中给你某种难得的启迪。而这种启迪可能会让你受益终生。

然而，在当今的中国市场上，却很难找到堪称楷模的对手，相反，在竞争中给对手出难题、"射暗箭"、"使绊子"，乃至互相拆台、制造丑闻的小动作倒成了"不二法门"，颇为流行。

合作是企业家精神的精华。企业的内部就是一个"小社会"，汇集了各类人才，企业家的一个重要职能就是使这些人才在合理分工的基础上保持合作。如果承认企业是一个团队的话，生产活动最迫切的需要就是合作，合作精神是团队精神中的精华。企业家通过身体力行，树立合作的楷模，下属会纷纷效仿，从企业家本人到每个员工，都有一种合作精神，在这样的一种环境中，人人都会感觉到心情舒畅。企业内部是一个和谐的社会，企业家不需要煞费心机地去监督和协调下属的工作，企业的员工有着共同的行为目标，企业的生产经营效率自然会大大提高。在和睦平等的社会里，一个真正的企业家应该具有这样的品格，即能够在他所为之尽力赚取财富的利益指向性机构和整个社会，特别是非经济机构之间架起一座有利于积极互动的桥梁。根据阿瑟·寇尔的观点，作为一个真正的企业家，他不仅能够通过创新来为本经济单位创造财富，从而扮演一个成功的经济角色，更重要的是他能够通过与非经济机构，如慈善机构、教育机构以及文化机构之间建立积极的互动关系来扮演一个成功的道德角色。成功的道德角色不但能使企业家得到社会的最终认可，而且有利于一个良好的企业形象的树立，同时也使企业家真正地发挥了推动社会进步的作用。一个由优秀企业家领导的富有合作精神的企业对于各种素质过硬的专业人才来说是极具吸引力的，合作精神是面向未来的企业家精神。在合作上，我们的企业家应该学习日本企业。日本企业之所以能够在非常困难的海外市场开创出一片天地，合作精神是非常重要的成功基础。由于日本国内市场狭小，国际市场开拓虽然潜在利益巨大，但是风险重重，于是，在共同利益的面前，日本企业变得空前团结。日本企业在进行新产品研发时能够做到通力协作，即使是最尖端的技术也能完全共享。日本企业能够相互长期合作的原因无外乎有两点：一是在日本国内市场有限时，合作开发国际市场符合多数日本企业的共同利益；二是在市场空间有限时，合作研发的体制能够创造出足够容纳每一家日本公司的巨大的市场空间。正如JVC公司的高野镇雄先生所说："我们的基本政策是把资讯、技术和规格同时散布出去，市场大得足以容纳每个公司，没有必要由一家公司独占所有利益。"当然，这里所指的公司我们只能理解为日本公司，这是由其独特的民族性所决定的。

中国企业需要的合作是在共同开发国际市场和共同发掘国内市场潜力这一高层面上的合作，而不是在国内现有的有限市场上拙劣的价格同盟。

合作与竞争之间的矛盾并非中国所独有，甚至并非人类所独有。这一现象在生物界中也普遍存在：当物种间的生存压力增大时，物种内部就会趋向于合作；而当物种内部的生存压力变大时，物种内部的竞争就会加剧。例如狼群和鹿群的关系：当狼群的数量增多时，雄鹿就会联合起来，共同抵御狼群的进攻；而当狼群的数量变少，鹿群的生存威胁减小时，雄鹿就会为争夺牝鹿而进行激烈的竞争。

(八)民族精神。

毫无疑问，创新是企业家精神的重要内容。但从我们对20年来上百个中国企业和企业家群体的观察、解剖来看，中国企业的成功主要不是源于创新，中国企业的失败，更不是由于企业家没有创新精神。对中国企业家来讲，企业家精神中恐怕有比创新更重要的，这就是中国企业家的"民族精神"。

　　这也许是个让许多人怀疑的话题，因为他们不承认企业家的民族性。他们认为，企业家是世界的，尤其中国的企业家更是这样认为：给他一个支点，他们可以撬起整个世界的经济。世界上任何一个国家经济上的强大，不管有多少因素可以总结，企业家的创业热情是必不可少的。没有企业之灵魂，就没有企业之体魄，而没有企业的强大就不会有国家的强大。由此可见企业家精神的作用。而这种企业家精神里，最重要的核心应该是民族精神。从过去的实业救国，到现在的实业强国，历史经验表明，企业家精神世界的深层底蕴中没有民族情感这一重要内容，一个国家的强大是不可能的。一个有远见的全球化的公司，不管它的产品市场和采购如何遍布世界各个角落，不管它的资本是如何国际化的，都掩盖不了它的品牌和核心技术的民族性。只有充分地体现了民族性，才能体现它的国际性。道理很简单，日本的首相可以去卢沟桥鞠躬，可以到韩国的民族英雄纪念碑去鞠躬，但是松下电器在市场上，绝不会轻易向长虹电器低头。他们的眼光很长远，他们知道如今真正的战场在经济领域，战争的硝烟从这里燃起。

　　我们试问：能够做到这样的企业家，不就是企业领袖了吗？

　　能做到这样的企业家，何愁打造不出世界级的企业来呢？

　　具有中国企业家精神的企业家中，已经修成正果的冒险家是最先引人注目的一群，如柳传志、任正非。他们起事于政策未见明朗时期，顽强生存下来之后，在企业制度、规范化运作等等方面做了许多艰难探索。这一代企业家面临的是复杂莫测的制度环境，必须化解大量非市场因素的阻挠，在混沌的局面中把握方向、拓展生存空间，这恰恰成就了他们的非凡之处。从他们对于企业发展规律的思辨中可以看出，这是一批截然不同于西方的企业家——更像是政治家，以政治家的谋略和教父一般的号召力，走出了一条无法复制的企业之路。

宽容企业家

一个城市的兴起，需要两类人：第一是政治家，他们"划地为城"，是"城"的规矩的制定者和维护者；第二是企业家，城以"市"为基础，而"市"是企业家的事情。

中国经济的发展，需要一大批世界级的企业家，需要一支企业家集团军，否则，就是一句空话。

企业是企业家的企业。

写下这个题目的诱因主要源于几个看似偶然的小事：一是作为云南红塔创始人的褚时健，因为贪污几百万而锒铛入狱；另一则是中关村两个企业的哗变，先是方正的主要股东闹逼宫，让王选退位，后是联想解雇了它的总工程师和公司创始人之一的倪光南。表面上这几件事没有什么关联，但其核心本质则是一样的：即企业是谁的企业？是企业家的？政府的？

几年前的一个无形资产评估报告，把云南红塔称做是中国第一品牌，价值一千多亿。红塔集团在亚洲烟草行业中排行第一、世界第五，被誉为"中国民族工业的一面旗帜"。集团拥有固定资产原值147亿元，净值116亿元，共有在职职工22200人。1998年完成工商销售收入760亿元(其中工业销售收入275亿元，商业销售收入485亿元)，实现工商税利283亿元(其中工业税利224亿元，商业税利59亿元)。"玉溪"、"红塔山"、"阿诗玛"在中国烟民中一直是高档的象征。按道理讲，把一个濒临倒闭的国有小企业办到一个如此辉煌的企业王国，功劳可谓大矣。我无意于对褚个案的是非曲直说三道四，我也不知道身为企业的总裁什么叫贪污，但区区几百万就把一个企业王国的创始人拖进了监狱，直到今天我都一直无法理解。没有褚时健，也可能就没有今天的云南红塔，但企业家却被他的王国送到地狱。这样的事在中国还在一直上演着。另一个事件的主角王选教授却成了中国最幸运的企业家，制度的公正和北大的做主使王选得以在他的位置上继续工作下去。

还有一个事件是有关联想的。联想的总工程师倪光南被联想的总裁柳传志剥夺了工作权利之后，媒体的反应空前的激烈，"企业是企业家的企业不是科学家的企业"、"重技术还是重市场"、"总裁与总工谁说了算"等等问题被争来争去。公司总裁解雇其门下的科学家，这在中国国门之外的任何一家企业都应该是很正常的事，但却因为中国缺乏一种正常的企业制度和透明的手续，再加上错综复杂的企业所有关系，使这个简单的问题越争论越给人带来一头雾水。

我们一直在呼唤企业家，但如果没有企业家成长的土壤，企业家永远都不会出现。企业家不是呼之即出，招之即来的，没有合理的制度，企业家很难真正产生，因为企业是企业家生存的土壤，企业家只能与企业制度一起成长。

呼唤和建立企业家队伍和企业家精神，成为一个社会话题。

(一)企业家是国家富强的一种资源。

对一个国家来讲，企业家也是一种资源，而且是一种稀缺资源。古典经济学认为，生产力有三要素，即土地、资本和劳动力。现代经济学把生产力三要素的概念推广为四要素了，把企业家算为生产力中的第四个要素。这种新概念不无道理。在古代，由于生产自给自足的性质，生产与消费有着简单而又直接的关系，小规模的专业化生产也主要是为满足附近地区的市场需求。因此"生产什么产品"、"该产品产量为多少"等问题对生产者来说有显而易见的答案。而在现代社会中，生产是大规模的、标准化的、专业化的，其产品供给对象是在更大的区域里，产品市场也有更广泛的意义了。与此同时，生产者(企业)之间的竞争也到达了白热化的程度。在这种情况下，"生产什么产品"和"该产品产量为多少"的问题就变得复杂化了。随着教育和出版业的发展，许多产品的生产技术成为公众共有的常识，这些产品的出产相对来讲并不难，难的是如何在市场上卖个好价钱。如果某企业生产出来的产品卖不出去，该产品就成了废品。这个问题不是每一个普通劳动者所能解决的，能解决这个问题的人被称为生意人，能够把生产和销售都管理好的人被称为企业家。在现代市场经济中，企业家在生产和销售中的作用越来越重要。也正是因为企业家在市场经济中的这种特殊地位，现代经济学家们把企业家列为生产力的第四个要素。

(二)企业家产生需要制度和文化的氛围。

产生企业家，需要一种制度，更需要一种文化氛围。

第九章 优秀企业离不开优秀的领导

为什么美国制造成为世界经济主题？因为美国的企业家是全球最幸运的人。

在美国，企业家被冠之以"新美国英雄"称号，美国人真切热烈地崇拜企业家，甚至到了狂热的地步。正是这种顶礼膜拜使美国的企业家一直占据了社会的中心舞台，成为年轻一代追寻的"美国梦"。更让人神奇的是，这个国家似乎像一架永动机，在二百多年时间中，制造出了一批又一批让人叹为观止的工商业巨匠。在美国，改写历史和控制国家运转的不是政治家，而是掌管商业帝国的企业明星。超凡企业家以其狂热的气质、伟大的人格、博大的胸怀、远大的目光和超常的思维，聚集一流的人才，不断筹划宏大的事业，从而造就了伟大的公司。

美国人普遍认为，20世纪初的汽车大王亨利·福特对美国的贡献大于该世纪中任何一届总统，银行大师J·P·摩根对美国的贡献大于该世纪中任何一届财政部长和央行行长。企业家的社会地位并不比政治家的低，而政治家必须有企业家的支持。

经济是基础，政治是上层建筑，没有一个坚实的基础，再漂亮的上层建筑也不会稳定。

在以价值生产为目的的商品经济世界中，有两个相互关联的事关宏旨的基本因子——市场经济和企业家阶层。企业家建构了市场经济，市场经济同时也培育了企业家，也就是说，市场经济是整个企业家阶层创造社会财富的宏伟方程式。

只有形成一个企业家阶层，才能最终造就现代企业制度、企业自主制度，进而造就市场经济体系。市场经济作为一种经济体制，不是一种个别的、局部的现象，而是一项宏伟的系统工程。这一宏伟系统中的整体制决定，仅仅有个别的优秀企业家不行，仅仅有局部的经济区中的部分优秀企业家的存在也不够，它必须有赖于一个企业家阶层的存在。

我始终认为，当前，企业家的成长环境应该比企业家的素质更为重要。因为成长环境无时无刻不在提出特定社会对企业家的要求，而企业家具备的素质就是社会要求的综合反映。

（三）企业家不是"圣人"。

企业家，顾名思义是企业的专家。我们应该爱护企业家，而不能把企业家看成是一个圣人、一个政治家、一个道德的楷模。我以为可能有这样的人，但这样的人绝不是企业家。一个真正的企业家，不仅不是"圣人"，大多还很"另类"，而他们成为了时代的赢家。

由于工作关系，我经常能接触到一些企业的领导，实际上，他们的日子并不好过。社会上对企业家的要求是"能人＋圣人"，这个要求太高、太苛刻了，这使他们常常感到是在刀尖上过日子，压力特别大。

首先，他必须是个能人，不仅要能把企业搞好，还要处好与"上面"的关系，要能向银行贷得上款，要有本事拒绝一系列的摊派，能够搞好与地方的各种关系……总之，企业家不仅仅要搞好企业，还要搞好企业之外的方方面面的关系。

其次，企业家还必须是个全才，不仅要懂管理，更要懂技术、懂市场、懂公关；不仅要搞好企业经营，还要为下岗职工找到就业门路，甚至还要帮助职工家属和子女就业。

第三，企业家不能犯错误，不能只懂业务，不懂处理人际关系。不创新当然不行，但创新不能有失败，否则难免被人抓住把柄，难免搞得灰头土脸。

一个企业家如果负担太重，是不可能搞好企业的。就说企业体制创新吧，不改革创新，企业断不会有发展；而改革创新，就要准备"撞南墙"，当铺路石。改革是利益的调整，肯定会触动一些人的利益，因此，难免会遭到一些人的反对，难免会遭到人身攻击，甚至有生命危险。如果有人反对，就会被上级认为不稳重、不踏实，甚至被认为犯了错误；哪怕把企业搞得再好，但如果有些企业之外的事情没处理好，就会被认为不成熟、不全面。如此，即使坚持搞改革创新，也是畏首畏尾。

这样的环境，产生不了真正的企业家。

而在国外，企业经营者只需管好企业的生产经营，其它一应事务，自有社会、政府去承担。此中关键差别，就在于我国国有企业的领导人并不是职业经理人，企业经营者还不是一种职业，而仍然是一种职务。一个很有成就的企业家，过了退休年龄，上级主管部门说，你放心干吧，只要不犯错误，我们不会让你下的。也就是说，如果这个老总还想继续当老总，就得小心翼翼，尽量"不犯错误"。如此，他如何能够"放心干"？

(四)尊重企业家。

企业家需要尊重，这种尊重既包括制度的也包括社会心理的。

作为一个中华文化传承的主体阶层，作为一个民族、国家参与国际竞争的生力军，企业家的作用越来越重要了。但我们这个国度的企业家资源的家底却没有多厚，企业家在数量和质量上都面临着短缺。其实，我们中国人不乏创造财富的智慧和先天素质，但是，我们这个多灾多难的民族，在历史上却没有几段让企业家健康成长的时期，中国企业家的素质从来没有得到真正的锻炼机会。我们没有完成培育企业家的历史使命，没有弘扬出中华民族的企业家精神，更没有把它张扬为一种社会的主流文化，企业家的数量和质量还有待于得到增加和提高。我们不得不承认：中国企业家的数量与我们这样一个泱泱大国的需求量来说，实在是太少了，而能够走向世界，到世界上去比拼的有质量的企业家就更少了。我们现在正面临一个企业家资源严重短缺的时代。中国是一个人力资源丰富的国家，但绝不可以说中国是一个人力资本丰富的国家。与水资源短缺、矿产资源短缺相仿，中国存在着企业家资源的短缺。虽然人力资本短缺是世界性的现象，企业家是所有生产要素中最为稀缺的要素，但这种短缺现象似乎在中国表现得更加明显。

近代以来，企业家群体的短缺与传承几千年的"环境场"有关。中国近代历史上曾经有过企业家，但并没有被我们民族进行很好的塑造、歌颂，或者包装。中国的企业家在历史上被冷落了，这一点在西方是截然不同的。比如张小泉剪刀，这是一个带有国粹主义的知名品牌。名牌的定义，远不只是功能和品质，而是蕴育着一种民族精神。在这个名品牌的诞生之前，首先诞生了张小泉和他的创业精神，他的精神恰恰是中华民族非常可贵的品质和精神。正是由于中华民族这种创业、敬业、精益求精的可贵品质，塑造、打造了一个非常优秀的品牌，这个品牌又支撑起了一个企业。然而，对这个老字号的企业，现在的年轻一代可能已经根本不在意它了，而且漠视了它在历史上的辉煌。实际上是凝聚在张小泉剪刀上的可贵的民族精神和可贵的企业家精神流失了！张小泉，一个真正的民族英雄，被遗忘了。遗憾的是我们没有把珍珠拿到阳光中来。

类似这样的企业和企业家，中国曾经有很多，后来都被历史给湮没了。比如中国近代化工的鼻祖、创造了三角牌烧碱的侯德榜。这个名品牌背后是一种民族精神，是一种中国要有自己民族工业的拼搏和自强精神。可悲的是，这种精神并没有得到社会的认同和支持，侯德榜的公司也没有成为中国的"杜邦公司"。我觉得，对于企业家的短缺和流失，我们在列举主观原因外，应该反思一下我们的"环境场"。英雄是需要塑造的，而我们从来没把企业家当英雄来塑造。历史进入现代，中国一些企业，比如长虹，曾经提出"要以振兴民族工业为己任"的口号，使得许多人，尤其是消费者为之振奋，企业的股票也居高不下。还有"海尔，中国造"的企业精神也曾激励过股民，从国人的种种冲动和热情可以看得出来，我国民族需要企业家的振兴。一个人人都想当官的社会，注定不是一个好的社会；一个人人都想当企业家的社会，注定是个富足的社会。我们对企业家的态度发生了很大的变化，这是一件令人高兴的事。我们爱我们的文化，我们也要正视我们的文化。举个例子来说吧，中国有四大发明，其中至少有两项发明可能工业化。蔡伦的造纸、毕升的活字印刷，绝不仅仅是实验室的东西，应该利用这些先进技术发展成为一种行业，但事实上我们都没有将其产业化。像火药、指南针，是否可以做成一个产业？也不能说就不行，但确确实实没有成为一种产业。在我们的文化中，没有将发明变成产业的动力，这是需要改正的。企业家不仅要从传统中学习到强身健体的本领，而且要学会把我们的文化变成商品，赚取利润，这样的学习才真正到位。这样才能真正达到掌握并弘扬传统文化的最高境界。这是学习的第二个层次。

　　我们要让别人来学习和欣赏我们的文化，并让欣赏者付费。长期以来，我一直在想，美国企业在世界上的霸主地位是怎么得以保持的？后来，有了一个结论：美国企业背后的支撑是独特而先进的美国文化，企业文化与国家精神、民族文化融为了一体。美国的精神在好莱坞的里表现得淋漓尽致——个人主义、英雄主义、理性主义。个人主义使美国人崇尚巨头，富有竞争精神；理性主义使美国人崇尚周密的计划。而这些恰恰又都是美国企业的特点，又恰恰是美国宪法所支持的国家意志、民族精神。美国的成功之处，实际上就在于民族精神与企业文化是黏合在一起的。还有一个重大的不同是，它的文化被包装成了商品，从商品到企业，从企业到企业家，要想了解美国文化只要循着这样的路径去探讨即可。而不像我们的文化，有时像是被人拿来拿去的古玩。研究美国的企业家艾柯卡、杰克·韦尔奇、比尔·盖茨等这些英雄人物，他们身上体现出的精神素质仿佛就是美国文化的一个缩影。这些人对美国文化了如指掌，知道怎样把美国精神灌输到企业中去。

企业家精神不是与生俱来的，正如鲁迅先生曾经说过的，要培植大树，得先培育适合大树生长的土壤。中国企业家精神建设其背后，需要坚实强大的制度环境支撑。

如果有这样的环境，我们何愁没有自己的企业领袖？

组织的领袖是保证组织统一的象征，组织可以没有这个象征，但没有了这个象征，组织将是一盘散沙。这样的组织还能生存吗？

事实上，人类过去200年的经济史，其实就是企业家创业和创新的历史。企业家不仅为我们创造了物质形态的新产品、新技术，而且从根本上改变了人类的交往方式和价值观念。今天我们享受着200年前的人们想都不可能想到的产品和服务，世界变成了地球村，地理上的距离已不再是人类交流的屏障。据一些经济学统计，200年前人类所能消费和使用的产品总数不过10的2到3次方，而今天的产品数量已到了10的8到10次方。想想吧，从飞机、汽车、高铁，到电视机、电脑、手机、网络、刮胡刀、遥控器，等等，哪一件产品不是企业家创新的结果呢？没有这些，我们今天的生活将是什么样子呢？

人类的进步来自合作。200年前，主导人类生活的是强盗的逻辑，是战争、掠夺和强权。今天，全世界大多数人口都生活在市场的逻辑中，分工和交换成为人类合作的主要形式，尽管强盗逻辑仍然不时干预市场逻辑的运作。而没有企业家，这样大范围的合作是不可能的。

一个国家和地区的经济是否在发展，人们的生活是否在提高，社会是否和谐，最关键的是这个国家和地区人口中的企业家精神是否能得到有效发挥，企业家是否在从事创造财富的工作。中国过去30多年之所以能取得举世瞩目的经济成就，大量的农村劳动力转移到城市和工厂，最重要的因素是改革开放激活了中国人的企业家精神，让潜在的企业家变成现实的财富创造者。

优秀企业的精神灵魂
SHIJIESHANG ZUI WEIDA DE ZIRAN FAZE